Impressum

Isle of Man - Tourist Trophy Motorradfestival
Der Reise(ver)führer zu Insel und Rennen

176 Seiten, 220 Farbfotos und Abbildungen

Maria Keck
Verlagsedition Günter Keck GmbH
D-63811 Stockstadt/Main
E-Mail: info@isle-of-man.de
Internet: www.isle-of-man.de

6. überarbeitete Auflage 2017

Printed in Germany

ISBN 978-3-9813268-4-0

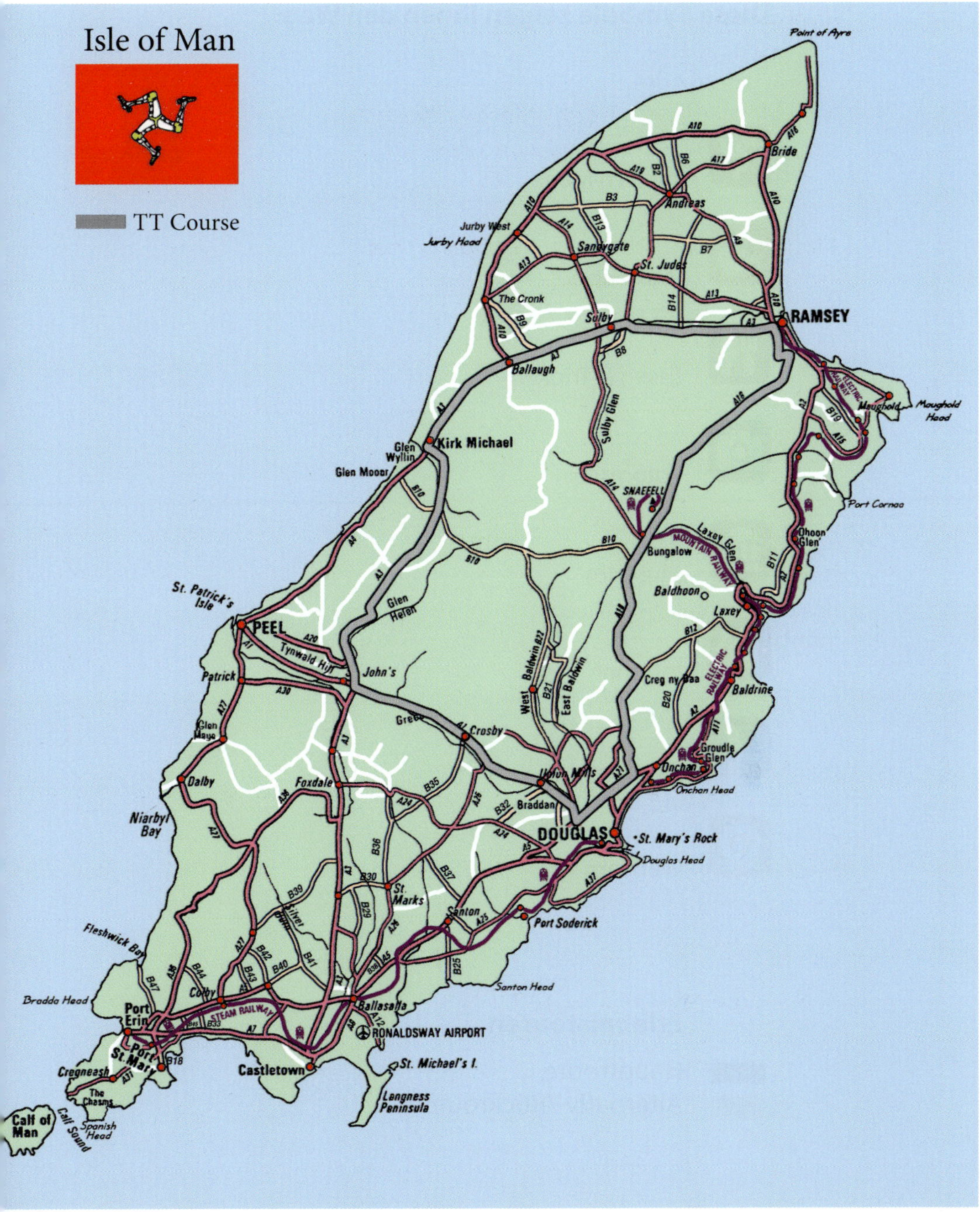
Isle of Man
TT Course
Point of Ayre
Bride
Andreas
Jurby West
Jurby Head
Sandygate
St. Judes
The Cronk
Sulby
RAMSEY
Ballaugh
Maughold
Maughold Head
Sulby Glen
Kirk Michael
Glen Wyllin
Glen Mooar
SNAEFELL
Port Cornaa
Dhoon Glen
Laxey Glen
Bungalow
MOUNTAIN RAILWAY
ELECTRIC RAILWAY
Baldhoon
Laxey
St. Patrick's Isle
Glen Helen
PEEL
Tynwald Hill
St. John's
Patrick
West Baldwin
East Baldwin
Creg ny Baa
Baldrine
Glen Maye
Greeba
Crosby
Groudle Glen
Onchan
Onchan Head
Union Mills
Dalby
Foxdale
Braddan
Niarbyl Bay
DOUGLAS
St. Mary's Rock
Douglas Head
St. Marks
Santon
Port Soderick
Silverdale
Fleshwick Bay
Santon Head
Bradda Head
Port Erin
Colby
Ballasalla
STEAM RAILWAY
RONALDSWAY AIRPORT
Port St. Mary
St. Michael's I.
Cregneash
Castletown
The Chasms
Langness Peninsula
Calf of Man
Calf Sound
Spanish Head

Diese Symbole zeigen Ihnen den Weg:

Typisch Manx

Praxistipp

Essen & Trinken

Fotomotiv

Museum

Internet

Facebook

Webcam

Erlebnistouren

Hauptroute

Alternativ-/Rückroute

Inhalt

Vorwort

Ich freue mich, Ihnen heute die 6. Auflage des Isle of Man-Reise(ver)führers vorzustellen. Als ich vor mehr als 20 Jahren das erste Buch heraus brachte, konnte ich nicht ahnen, dass mich die Insel so lange durch mein Leben begleitet. Ich selbst hätte das am allerwenigsten erwartet. Durch die Isle of Man habe ich viele wunderbare Menschen kennengelernt. Die entstandenen Freundschaften bestehen teils Jahrzehnte, das ist keine Selbstverständlichkeit. Dafür möchte ich DANKE sagen, der Insel und den Menschen.

Die neue Ausgabe ist dem Multimedia-Zeitalter angepasst. Das TT-Kapitel wurde mit Fotos von interessanten Zuschauerpunkten erweitert, dazu werden Alternativen genannt, die während der Road closed-Zeiten angefahren werden können.

In die Erlebnistouren wurden viele Bilder integriert sowie alle Straßennamen eingearbeitet - vorausgesetzt, die Straßen haben eine Bezeichnung. So können die Routen per Navi geplant werden. Es gibt aber auch wunderschöne Plätze auf der Insel, die kein Navi kennt, anzufahren über bessere Feldwege. Genau darin liegt der Reiz. Ausgerüstet mit einer guten Inselkarte und diesem Buch als Basis darf das Navi auch einmal ausgeschaltet sein. Die Tourenvorschläge sind sehr detailliert, die Bilder dazu selbsterklärend.

Die Buchausgabe in dieser Form ist möglich geworden durch die Hilfe vieler Inselfreunde, die mich hervorragend unterstützt haben. Auch dafür ein ganz großes DANKE.

Traa Dy Liooar
(Time enough - Zeit genug)

Maria Keck

Die Insel

Insel und Bewohner

Die **Isle of Man** liegt in der Irischen See, 48 km von England, 52 km von Irland, 29 km von Schottland und 71 km von Wales entfernt. Sie ist 572 Quadratkilometer groß. Zum Vergleich: Die Insel Rügen ist mit 926 Quadratkilometern fast doppelt so groß. Bei einer Länge von rund 52 km und einer Breite von 22 km hat die Isle of Man eine Küstenlänge von 160 km. Sie wird von ca. 89.000 Menschen bewohnt, wovon viele in der Hauptstadt Douglas leben oder in einem der größeren Orte der Insel. Die Entfernung von Douglas nach Ramsey (Osten) beträgt 25 km, zum Point of Ayre im Norden 36 km, nach Peel (Westen) 17 km und nach Port St. Mary (Süden) 22 km.

Das **Wahrzeichen der Insel** ist das **Dreibein** oder Triskel, ein altes Sonnensymbol, das auf den keltischen Meeresgott Manannan Mac Lir zurückgeführt wird. Manchmal ist dieses Symbol umrahmt mit den Worten **Quocunque Jeceris Stabit**, was von den Inselbewohnern übersetzt wird mit: „Which ever way you throw me, I shall stand“. Frei interpretiert: „Ein Manx kommt immer wieder auf die Füße, egal was passiert“. In der Nationalflagge findet man das Triskelmotiv auf rotem Grund ebenfalls, auch das internationale Autokennzeichen **GBM** für „Great Britain Man“ wird meist mit dem Symbol ergänzt.

„Eine Britische unabhängige Insel, die nicht zum Vereinigten Königreich gehört“, so beschreiben die Manx, wie die Bewohner sich selbst nennen, ihr Eiland. Die **Isle of Man ist Kronland**, das heißt, sie gehört nicht zum United Kingdom (UK). 1866 wurde mit Billigung des UK eine eigene Verfassung mit eigener Steuer- und Zollhoheit beschlossen. Das **Isle of Man Parlament** (Court of Tynwald) dagegen wurde bereits 979 durch die Wikinger gegründet. Es gilt damit als das älteste durchgehend bestehende Parlament der Welt. Ähnlich lange gibt es nur noch das Parlament in Island, das sich 930 zusammenschloss, aber nicht durchgängig bestand.

Jedes Jahr am 5. Juli wird auf der Isle of Man der **Tynwald Day** in der Nähe von St. John's gefeiert und dem Beginn der Eigenständigkeit gedacht. In historischen Gewändern werden die neu erlassenen Gesetze des vergangenen Jahres in Manx und in Englisch verkündet. Ein Mitglied des Englischen Königshauses ist zwar anwesend, an der Zeremonie darf dieses aber nur passiv teilnehmen.
Durch die autonome Gesetzgebung gilt die Isle of Man als Steuerparadies, ähnlich wie die Kanalinseln (Jersey, Guernsey u.a.). Gerüchteweise sollen ungefähr 60 Millionäre auf der Insel leben.

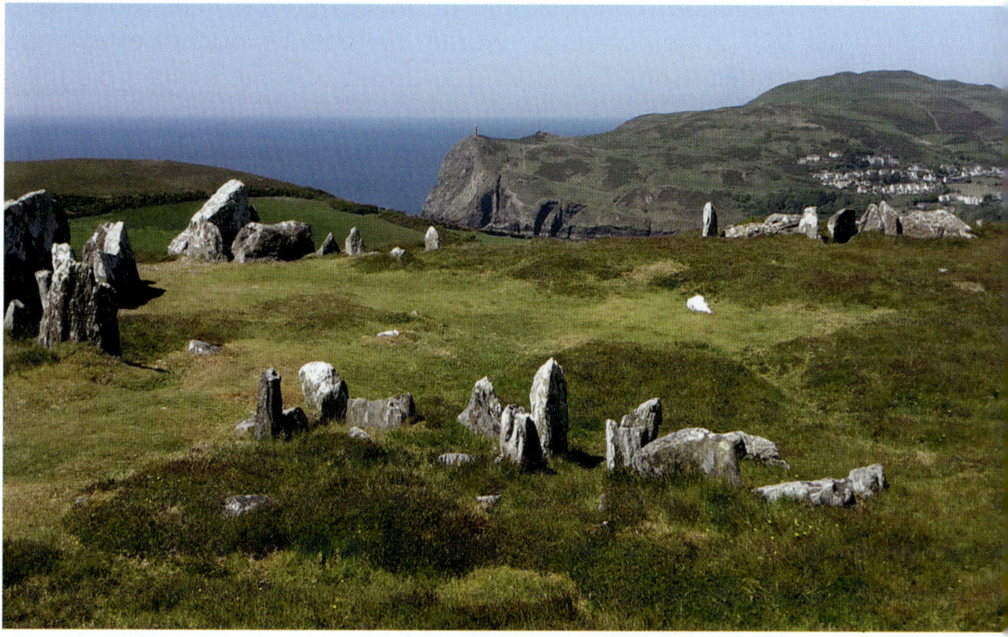

Die Manx sprechen nicht nur Englisch, sondern auch eine **eigene Sprache**, die keltischen Ursprungs sein soll. Hier heißt die Insel **Ellan Vannin**. Leider sprechen nicht alle Einwohner das **Manx Gaelic**. Die Inselsprache wird aber mittlerweile wieder an Schulen unterrichtet, um sie als Kulturgut zu erhalten. Der Leitspruch **Traa Dy Liooar** (Zeit genug) wird immer von den Manx beherzigt. Sie sind stets freundlich und hilfsbereit, aber oft hört man ein „take your time" und schon geht alles ein wenig leichter.

Geschichte der Insel

Historisch hat die Isle of Man bewegte Zeiten hinter sich. Die ältesten Einwohner waren um 2000 v. Chr. ein Jäger- und Fischervolk. Anschließend kamen die Kelten, denen der vielleicht größte Einfluss auf das Leben und den Charakter der Insel, wie auch die Manx Sprache, zugeschrieben wird. Auf diese folgten die Wikinger, deren Überfälle Ende des 8. Jahrhunderts begannen und die sich irgendwann fest auf der Insel ansiedelten.

Den Wikingern werden die gesetzgebenden Versammlungen ab 979 zugeschrieben, womit das heute noch bestehende **Inselparlament Tynwald** gegründet war. Sie hielten die Insel bis zur Mitte des 13. Jahrhunderts besetzt, anschließend ging sie in schottischen Besitz über, bevor sie 1765 von der britischen Krone erworben wurde.
1866 folgte die eigene Insel-Verfassung mit Zustimmung des United Kingdom.

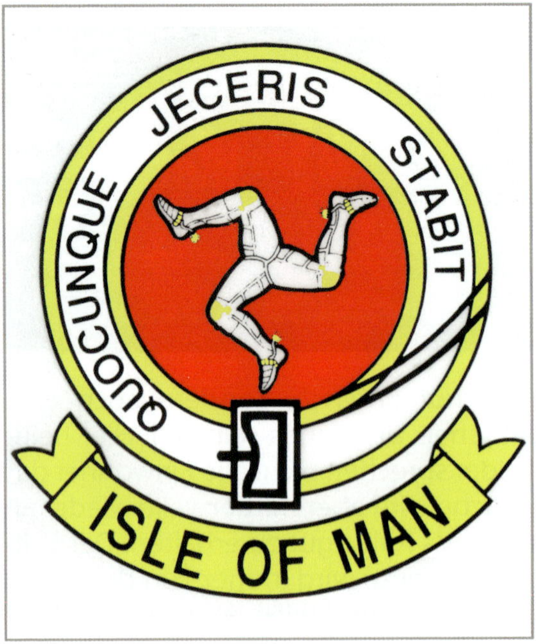

Aus allen Epochen sind Zeitzeugen in Form von Ruinen, Rundhäusern und Kirchen auf der Insel zu sehen. Viele Werkzeuge und Gebrauchsgegenstände aus den verschiedenen Geschichtsperioden sind im Manx Museum in Douglas (siehe auch Seite 57) zu besichtigen. In der Geschichte begegnet einem auch die altertümliche Schreibweise „Mann“, die sich ebenfalls vom Manx Gaelic ableitet.

Klima

Hier könnten jetzt zwei, drei Sätze stehen, wie sie in jedem Reiseführer zu lesen sind: Sonne, Regen, Wind, schön, bedeckt. Ich möchte mit dem alten Motorradfahrerspruch anfangen, es gibt kein schlechtes Wetter, es gibt nur falsche Kleidung. Dazu ist das Isle of Man-Wetter nicht so schlecht, wie es oft gemacht wird. Meinen allerersten Aufenthalt auf der Insel erlebte ich bei strahlendem Sonnenschein (das wünsche ich übrigens jedem Newcomer). Es gab auch Urlaube, wo jeden Tag mindestens einmal Regenzeug angesagt war. Das heißt aber nicht, dass es nur regnete. Ich erinnere mich an ein Jahr, wo es den ganzen Tag nieselte, aber jedes Mal pünktlich zum Training und zum Rennen die Straße abtrocknete und die Sonne herauskam. Es war egal, zu welcher Uhrzeit ein Lauf angesetzt war, die Manx hatten wohl mit Petrus geredet und er hatte das so eingerichtet. Es gab auch schon Jahre, wo es genau umgekehrt war, den ganzen Tag schönes Wetter und gegen Abend oder erst nachts Regen. Wer 1997 zum 90. TT-Jubiläum auf der Insel war, wurde besonders verwöhnt, Sonne bis zum Abwinken. Auch 2007 zum 100. Jubiläum war das Wetter gut. Warten wir ab, wie es 2017 zum 110. Anniversary wird. Manchmal hat man den Eindruck, jeder Manx fühlt sich persönlich verantwortlich für das Inselwetter. Genaue Wetterprognosen bekommt man schon beim Frühstück und der **Landlord** (Vermieter) kennt meist auch die exakten Zeitangaben, wann das Wetter wechselt. Wenn Regen vorhergesagt ist, wird das aufrichtig bedauert. Diese besondere Manx Art macht die Inselbewohner so liebenswert.

Das Gute am unberechenbaren Punkt Wetter ist, wir sind auf einer Insel, nichts hält ewig. Wenn es drei trübe Tage nacheinander gibt, kann der Rest des Aufenthalts strahlender Sonnenschein bedeuten. Für Motorradfahrer heißt die Devise: gutes Regenzeug mitnehmen und das Wetter nehmen wie es ist.

Auch wenn Ihre Motorradkoffer das Prädikat „wasserdicht" tragen, packen Sie trotzdem Ihre Kleidung zusätzlich in Plastiktüten ein. Nichts ist schlimmer, als nach zwei Tagen anzukommen und dann nur feuchtes Zeug in den Koffern zu haben.

Tourist Trophy

Geschichte der Tourist Trophy

Das erste Motorradrennen fand 1907 auf einem 15 Meilen-Kurs statt. Start war in St. John's, über Ballacraine, Kirk Michael und Peel ging es zurück zum Ausgangsort. 25 Fahrer waren am Start und 10 beendeten das Rennen. Die schnellste Runde wurde damals mit 42,91 mph gefahren (ca. 70 km/h). Heute liegen die durchschnittlichen Rundenzeiten über 130 mph, also bei mehr als 200 km/h. Ab 1911 wurden die Rennen auf dem Kurs gefahren, der weitgehend dem heutigen Mountain Course entspricht.

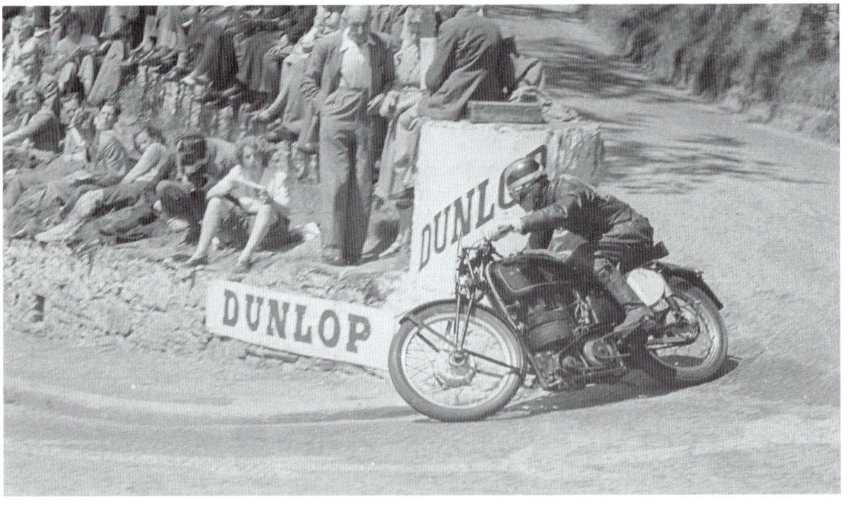

Viele deutsche Fahrer haben sich auf der Insel mit Siegen verewigt. Ich möchte hier Georg „Schorsch" Meier erwähnen, der 1939 als erster ausländischer Fahrer auf einer nicht-englischen Maschine, nämlich mit einer Kompressor-BMW, die Senior 500 gewann und Werner Haas, der 1954 in der Lightweight 250 ccm Klasse siegte. In den siebziger Jahren dominierten vor allem die deutschen Gespanne mit Teams wie Schauzu/Kalauch (1971 und 1972 Sieger auf BMW), Enders/Engelhardt (1973 Sieger auf BMW), Luthringshauser/Hahn (1974 Sieger auf BMW) und Stein-

hausen/Huber (1975 Sieger auf König) die Seitenwagenklasse. Dieter Braun siegte 1970 bei den 125ern auf Suzuki.
Neben den Deutschen waren so berühmte internationale Namen vertreten wie Mike Hailwood, der 1961, 1963 bis 1967 und 1979 die Senior TT und 1978 die Formula 1 gewann und Giacomo Agostini, der von 1968 bis 1972 die Senior TT für sich entschied.
In den achtziger Jahren begann die Erfolgsserie von Joey Dunlop, die bis zu seinem Tod im Jahr 2000 in Estland anhielt. Joey ist unangefochtener Spitzenreiter der ewigen Siegerliste. Zwischen 1977 und 2000 gewann er 26 Rennen, an zweiter Stelle folgt Mike Hailwood, der von 1961 bis 1979 auf 14 Siege kam, Ian Hutchinson liegt gleichauf. Dritter mit 13 Siegen ist Michael Dunlop. Mit jeweils 11 Siegen sind Steve Hislop von 1987 bis 1994, Phillip McCallen in der Zeit von 1992 bis 1997, sowie Bruce Anstey von 2002 bis 2016 in der Gesamtsiegerliste vertreten. Gleichauf mit jeweils 10 Siegen liegen Stanley Woods, zwischen 1923 und 1939, Giacomo Agostini, von 1966 bis 1972, und Ian Lougher, 1990 bis 2009. Manxman Dave Molyneux ist mit bisher 17 Siegen zwischen 1989 und 2014 erfolgreichster Gespannfahrer. 2010 konnte der Österreicher Klaus Klaffenböck mit Beifahrer Dan Sayle beide Rennen der Seitenwagenklasse gewinnen.

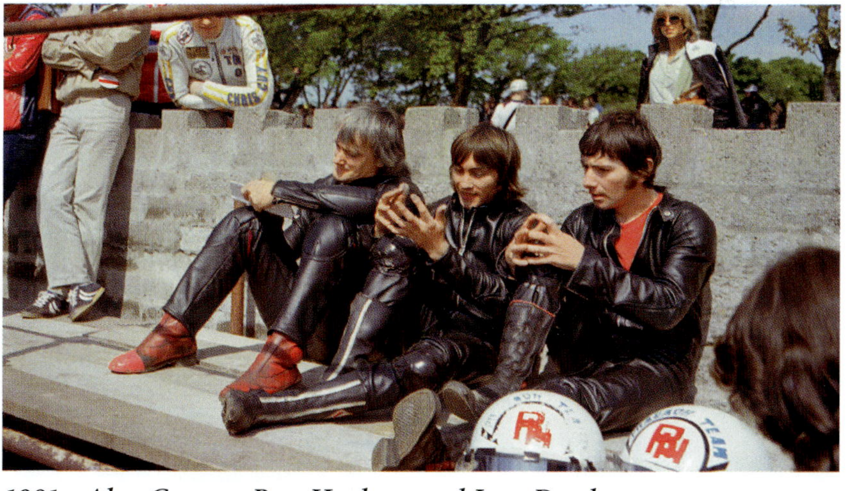

1981 - Alex George, Ron Haslam und Joey Dunlop

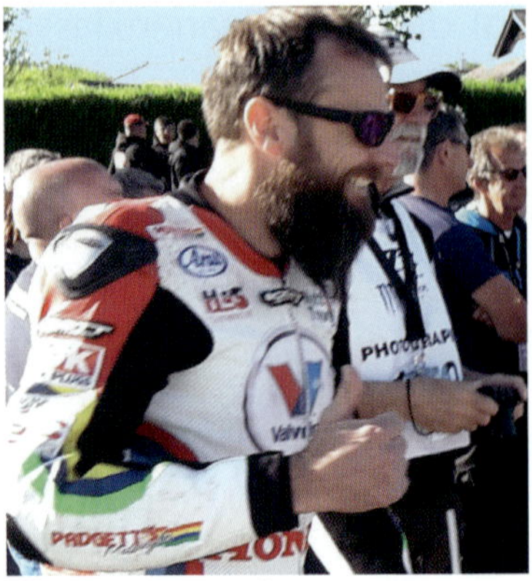

„Flying Kiwi“ Bruce Anstey

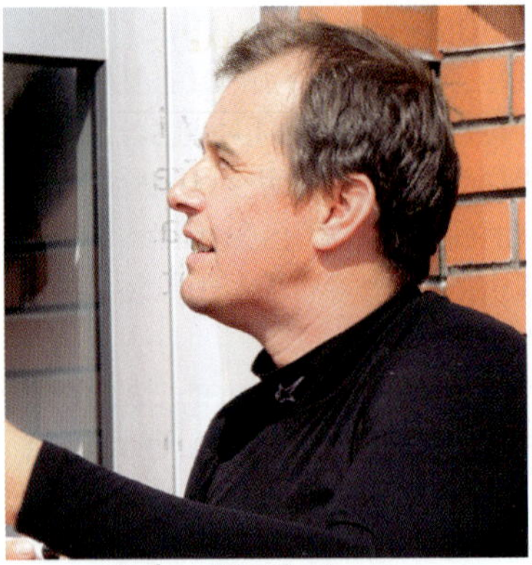

John McGuinness

Die heutigen Helden sind u. a. Manx Man Connor Cummins, John McGuinness, Bruce Anstey, Ian Hutchinson, Guy Martin, Michael Rutter, Ian Lougher, nicht zu vergessen die Söhne von Robert Dunlop - William und Michael.
Der Österreicher Horst Saiger ist mit Können und guter Laune eine Bereicherung für deutschsprachige Fans. Es bleibt spannend.

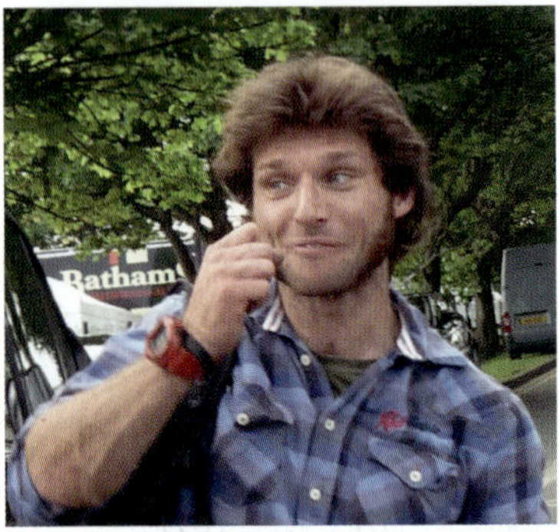

Guy Martin

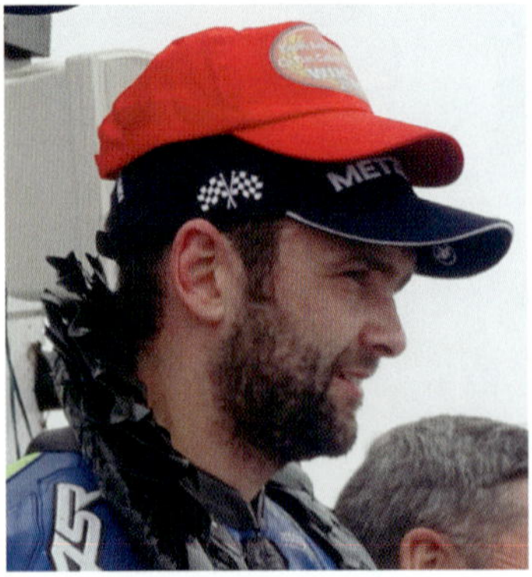

William Dunlop

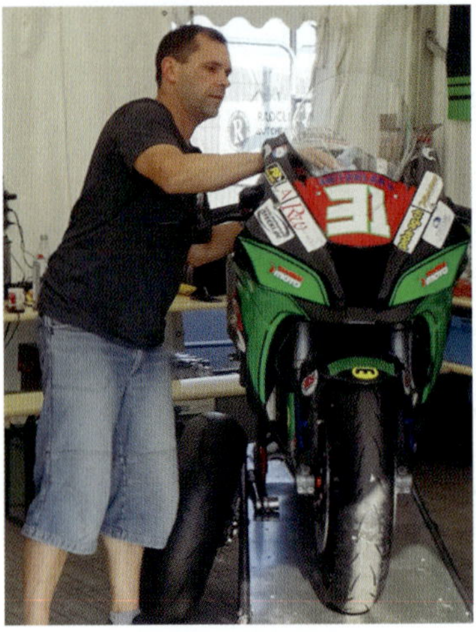

Horst Saiger

Praktisches zur TT

Die Tourist Trophy ist für mich ein Vierzehn-Tage-Fest, das sich unterteilt in eine Trainings- und eine Rennwoche.
Seit 1907 startet das erste Rennen am ersten Samstag im Juni. Begonnen wird mit der Superbike Klasse, darauf folgt der erste Lauf der Seitenwagenrennen. Insider, die nicht nur den Rennwochen Trubel mitbekommen, sondern etwas mehr Insel-Feeling genießen möchten, kommen einige Tage früher in der Trainingswoche.
Auf der Fähre von England nach Man sollte man sich schon das offizielle **Rennprogramm** kaufen (achten Sie darauf, dass der **Race Guide** beiliegt). Darin stehen die Trainings- und Rennzeiten, aber auch alle Veranstaltungen, die zusätzlich stattfinden. Training und Rennen funktionieren nach dem Prinzip 1 Tag Rennen, 1 Tag Pause, 1 Tag Rennen, dazwischen bleibt genug Zeit für andere Unternehmungen (Tipps dazu unter Erlebnistouren ab Seite 54). Auch im Navi-Zeitalter ist eine gute detaillierte Inselkarte erforderlich, wobei die **Landranger Serie** sehr zu empfehlen ist. Es gibt auf der Insel viele kleine Straßen oder Feldwege, auf denen man zu interessanten Streckenpunkten kommt und während der Rennen auch andere Punkte anfahren kann. Das kann kein Navi leisten, dazu braucht es einen Blick in die Landkarte.

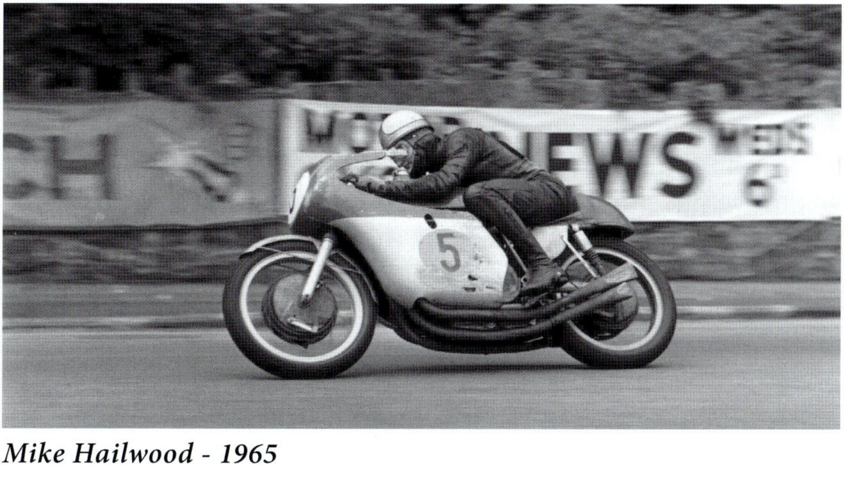

Mike Hailwood - 1965

Wichtigste Voraussetzung für eine TT-Starterlaubnis: Die Fahrer müssen eine gültige internationale Rennlizenz besitzen und bereits Erfahrung und Erfolge im Rennsport nachweisen. Newcomer sind verpflichtet, im Training über der Rennkombi orangefarbene Westen zu tragen, damit die anderen Fahrer sehen, wer das erste Mal dabei ist. Ein Punkt, der die Sicherheit erhöhen soll. Die Rennen auf der Isle of Man finden nicht auf einem geschlossenen Kurs statt wie z. B. in Hockenheim oder am Nürburgring, sondern auf einer ganz normalen Straße und eine Runde ist genau 37,73 Meilen (ca. 60 km) lang. Jeder Streckenabschnitt hat einen eigenen Namen, damit alle Zuschauer wissen, wo sich die führenden Fahrer gerade befinden - **Manx Radio** überträgt die Rennen von drei Außenstellen auf 1368 AM, 87.9 FM oder 100.6 FM. Zusammenfassungen erfolgen auch in deutscher Sprache. Es gibt eine **Radio TT App** zum Download und via Internet wird ebenfalls gesendet über

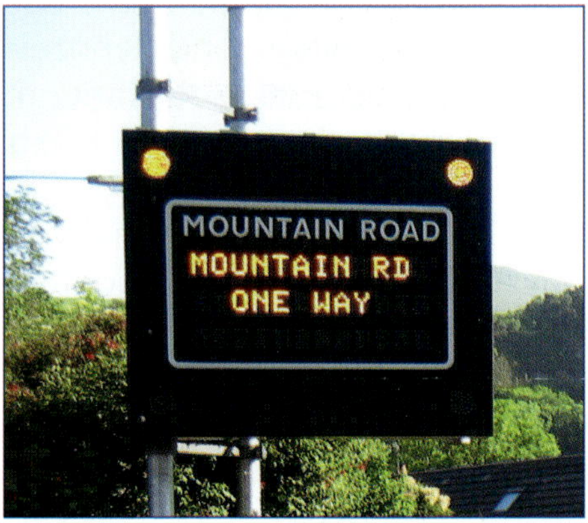

www.iomtt.com

Das Wort **Straßenkurs** bedeutet, dass ein Großteil der Inselstraßen zu den Trainings- und Rennzeiten komplett gesperrt wird. Dann gibt es nur noch die Möglichkeit, sich innerhalb oder außerhalb des Kurses zu bewegen (**mit einer Ausnahme,** dazu mehr unter „Interessante Streckenabschnitte“ auf Seite 23). Deshalb sind Programmheft und Inselkarte so wichtig.

Im Programm sind die Zeiten der Streckensperrung angegeben. Informieren Sie sich am besten morgens, ob und wann Trainings- bzw. Rennläufe stattfinden. Denken Sie auch an das oft wechselnde Inselwetter, das manchmal für Verschiebungen sorgt.

Ohne aktuelle Informationen kann es passieren, dass Sie plötzlich an einem völlig uninteressanten Stück der Strecke heraus gewunken werden, weil diese nun für mehrere Stunden gesperrt

ist. Suchen Sie sich deshalb rechtzeitig einen interessanten Platz zum Zuschauen. Am besten so, dass Sie noch andere Punkte anfahren können. Da macht sich dann auch wieder die detaillierte Inselkarte bezahlt.
Der erfreuliche Nebeneffekt eines 60 km langen Straßenkurses ist, dass keine Eintrittskarten nötig sind. Wer sollte bei dieser langen Strecke die Tickets kontrollieren? Ausnahmen gibt es aber, vor allem, wenn Tribünen aufgebaut sind, u. a. in Creg-ny-Baa oder auf den Haupttribünen am Grandstand. Auch Privatpersonen oder Institutionen verlangen manchmal einen finanziellen Ausgleich für Zuschauerplätze. Für 2 bis 5 £ Eintritt gibt es dann aber oft die Möglichkeit, Speisen und Getränke vor Ort zu kaufen, meist sind auch ein bis zwei Toilettenhäuschen aufgestellt. Die Einnahmen werden überwiegend für karitative oder soziale Projekte von Kirchengemeinden oder Hilfsorganisationen verwendet.
Es ist absolut verboten, bei gesperrter Strecke die Straße zu überqueren. Bei Zuwiderhandlung drohen vierstellige Bußgelder und eventuell ein Gefängnisaufenthalt. Es gibt nur eine Lösung: Warten, bis die Strecke wieder geöffnet ist. Wenn sich alle Man-Einwohner nach uns, den Besuchern richten und z. B. sämtliche Arbeiten per Fahrzeug für Stunden eingestellt werden, dann müssen auch wir uns verantwortungsbewusst benehmen und da bleiben, wo wir gerade sind. Wer es immer noch nicht begriffen hat: **Es kann lebensgefährlich sein**. Bitte nicht eigenes und fremdes Leben riskieren!
Vor und nach jedem Rennen fahren **Travelling Marshals** zur Kontrolle die Strecken ab. Ehemalige Rennfahrer, die fast so schnell unterwegs sind wie ihre Renn-Kollegen. Erst wenn die Marshals ihr o. k. geben, startet das Rennen bzw. wird die Strecke wieder geöffnet. Während des Rennens erreichen die Motorräder eine Durchschnittsgeschwindigkeit von 200 km/h und mehr. An manchen Punkten donnern sie so schnell vorbei (z. B. kurz hinter Start/Ziel an Bray Hill), dass sie nicht einmal in den Sucher der Kamera zu bekommen sind - testen Sie es. Den aktuellen Rundenrekord hält Michael Dunlop mit 133,962 mph (ca. 215 km/h), aufgestellt im Jahr 2016 mit einer BMW S1000 RR.

Die Rennen

Damit Sie die gängigen englischen Begriffe rund um das Rennen kennen lernen, sind diese teilweise hier aufgeführt. Wenn die Aussprache ungewöhnlich ist, steht diese in < > dahinter.
Wie schon erwähnt, unterteilt sich das TT-Festival in Trainings- und Rennwoche. Der Ablauf ist jedes Jahr ähnlich. Änderungen durch die Veranstalter sind möglich.
Die TT-Termine bis zum Jahr 2020 finden Sie im Anhang auf Seite 169.

www.iomtt.com

Trainingswoche (practice week)
Das Training findet täglich ab 18 Uhr statt. Wetterbedingte Verschiebungen sind möglich.

Rennwoche (race week)

Erster Samstag im Juni		
Rennen 1	**Superbike**	6 Runden
Rennen 2	**Seitenwagen** / Rennen 1	3 Runden
	dazwischen Solo Qualifying	

Montag		
Rennen 3	**Supersport** / Rennen 1	4 Runden
Rennen 4	**Superstock**	4 Runden
	dazwischen Sidecar und Solo Qualifying	

Mittwoch		
Rennen 5	**Supersport** / Rennen 2	4 Runden
Rennen 6	**Lightweight**	4 Runden
Rennen 7	**Zero Race** (Elektromotorräder)	1 Runde
	dazwischen Sidecar und Solo Qualifying	

Freitag		
Rennen 8	**Seitenwagen /** Rennen 2	3 Runden
Rennen 9	**Senior TT**	6 Runden

Die Rennen erfolgen per Einzelstart, das heißt, alle 10 Sekunden wird ein Fahrer auf die Strecke geschickt. Wetterbedingte Verschiebungen der Rennen sind nicht auszuschließen (aktuelle Informationen über Manx Radio).

Rennklassen	Startnummern
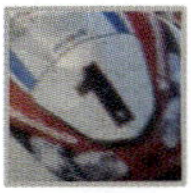 **Superbike**	schwarz auf weiß
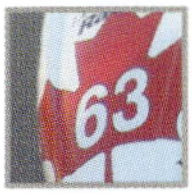 **Seitenwagen**	weiß auf rot
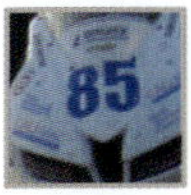 **Supersport**	blau auf weiß
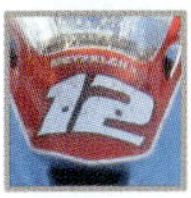 **Superstock**	weiß auf rot
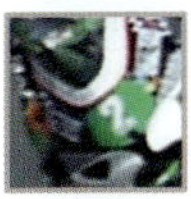 **Lightweight**	weiß auf grün
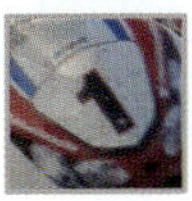 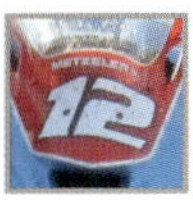 **Senior TT**	nach Rennklassen
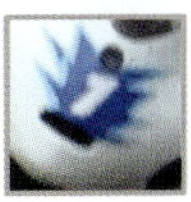 **Zero Race**	weiß auf blau

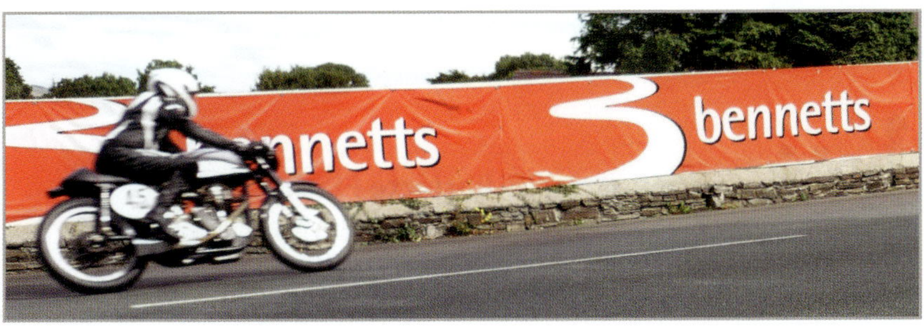

FLAGGENSIGNALE

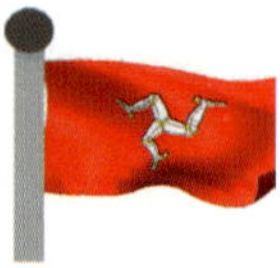

Nationalflagge → Start

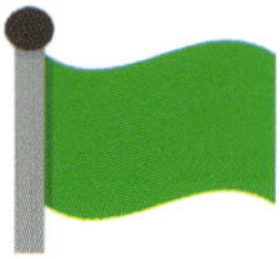

Grüne Flagge → Strecke frei

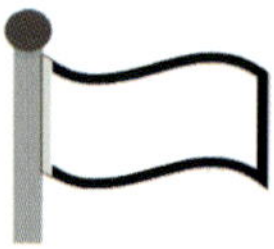

Weiße Flagge →
Ambulanz oder langsam fahrendes Fahrzeug
Weiß mit V → Sichtverschlechterung
Weiß mit Sonne ↗ Blendgefahr
Weiß mit X ↗ Verschlechterung Bodenhaftung

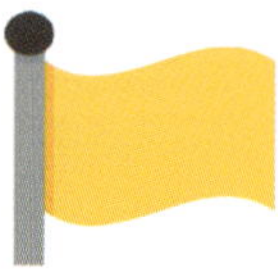

Gelbe Flagge
gehalten ↗ Gefahr, Überholverbot
geschwenkt ↗ Gefahr, Überholverbot, Geschwindigkeit verringern, evt. Rennabbruch
mit roten senkrechten Streifen ↗ Rutschgefahr

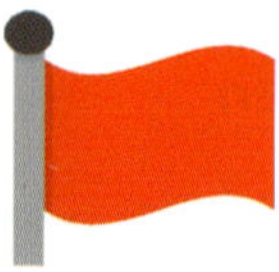

Rote Flagge → Rennabbruch

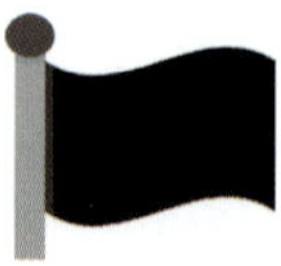

Schwarze Flagge mit Startnummer → Rennabbruch nur für diesen Fahrer

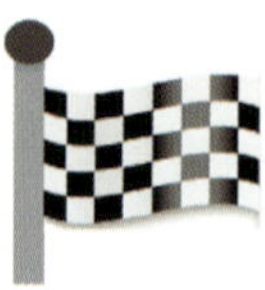

schwarzweiß-karierte Flagge → Zieldurchfahrt, Training/Rennen beendet

Seit 1998 gibt es einen ganz besonderen Service auf der Insel. Da hatte Guy Pickard von der Isle of Man Police die Idee, während der TT-Zeit deutsche Kollegen zur Unterstützung anzufordern. Die Länder übergreifende Kooperation mit zwei „German Polizei" (so titelte ein englisches Motorrad Magazin) wurde gestartet und hat sich seitdem vielfach bewährt. Ewald Temmen, der 1998 ganz kurzfristig zu diesem Job kam, ist seither jedes Jahr dabei und hat schon vielen deutschen Bikern bei großen und kleinen Karambolagen zur Seite gestanden. Die Reisekosten trägt das IOM Police Department, eine echte Serviceleistung für die deutschen TT-Besucher.
Das **Police Headquarter** ist von deutschen Mobiltelefonen aus unter der Tel. Nr. 0044-1624-631 212 erreichbar. Ewald und sein Kollege führen ein Handy mit, dessen Nummer jährlich wechselt, aber vom Police Headquarter wie auch Radio TT bekannt gegeben wird.

Sicherheit wird groß geschrieben auf der Insel. Das merkt man auch an den **Immer links fahren**-Schildern, die da stehen, wo man das Linksfahrgebot eventuell vergessen könnte.

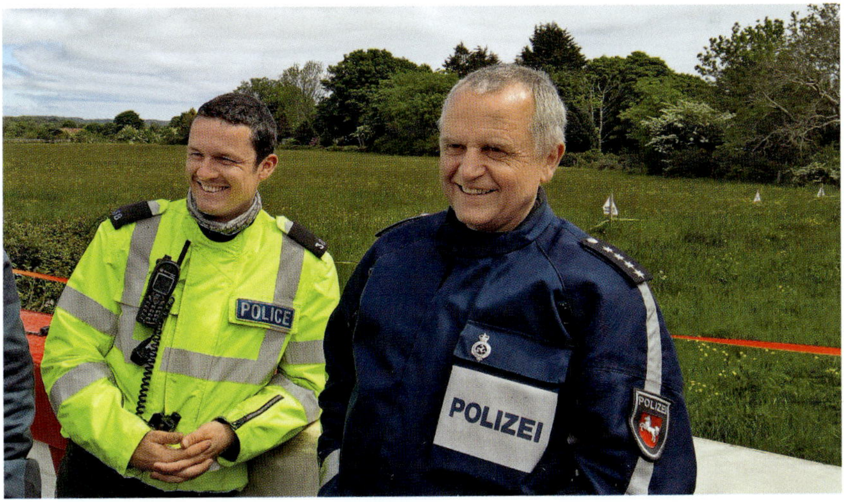

Ewald Temmen und Manx Kollege

The Isle of Man Race Course

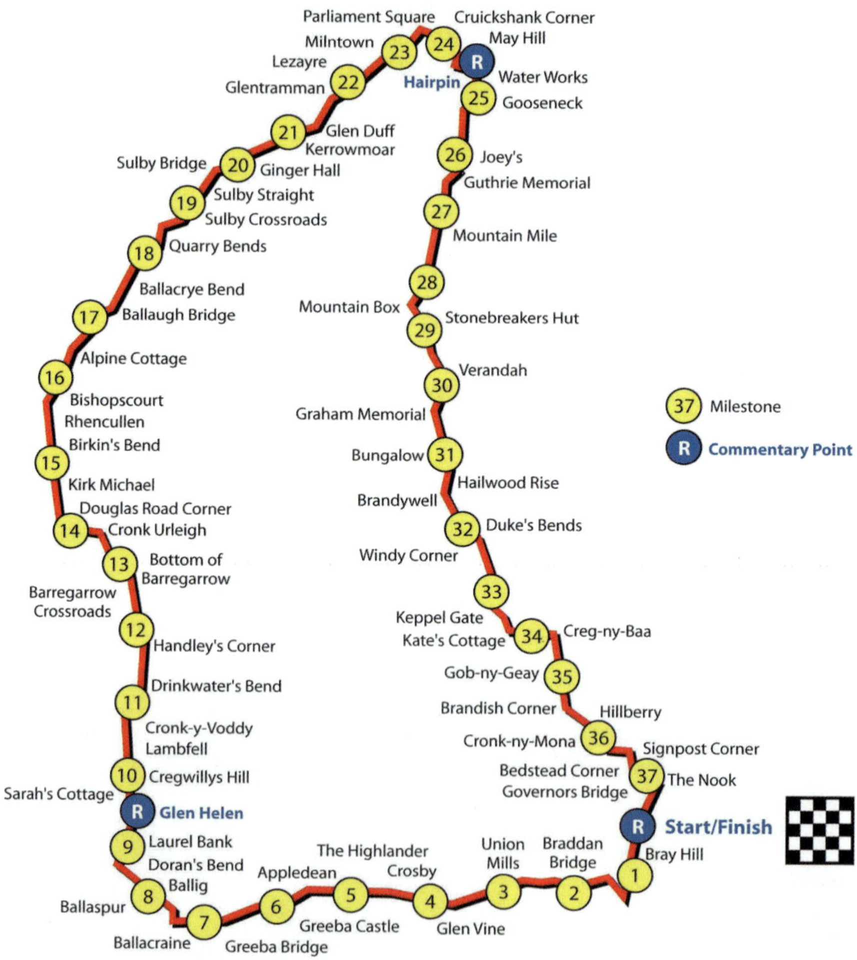

Rennkurs: 37,73 Meilen (ca. 60 km)

Interessante Streckenabschnitte

Nach **Start/Ziel** (Grandstand) geht es über **Bray Hill** (langes, steiles Bergabstück), **Quarter Bridge** (90-Grad-Rechtskurve), **Braddan Bridge** (S-förmig) und **Union Mills** (schnelles Stück) Richtung **Ballacraine** (scharfe Rechtskurve), dann nach **Glen Helen, Kirk Michael, Ballaugh Bridge** (schöne Sprünge), die **Sulby Straight** entlang zu **Sulby Bridge, Parliament Square** (mitten in Ramsey), **Hairpin** (ansteigende Linkskurve), **Waterworks, Gooseneck,** in die Berge Richtung **Bungalow**, vorbei an **Windy Corner, Kate's Cottage** (steiles Bergabstück), **Creg-ny-Baa** (90-Grad-Kurve), **Signpost Corner, Governor's Bridge** zu Start und Ziel.

Auf Seite 16 hatte ich schon erwähnt, dass es eine einzige Möglichkeit gibt, während eines Rennens vom Inneren des Kurses nach außen und umgekehrt zu kommen. Am 27. Mai 1988 wurde die **Access Road** eröffnet, eine schmale Straße, die von Quarter Bridge aus unter der Rennstrecke in Richtung Braddan Bridge führt und nur geöffnet ist, wenn Rennläufe stattfinden. In der übrigen Zeit ist sie mit Toren verschlossen. Die Straße ermöglicht es Einsatzfahrzeugen schneller voran zu kommen.

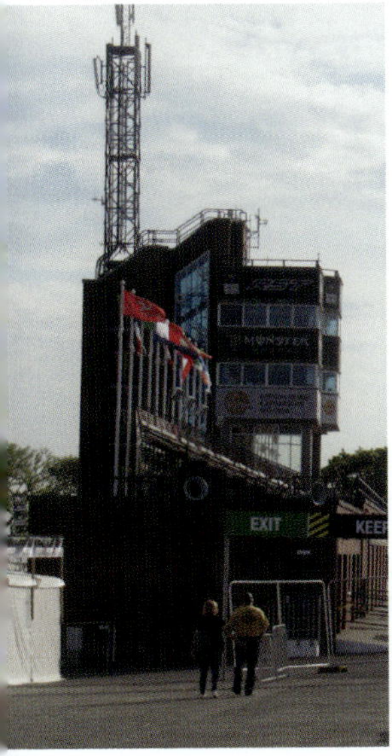

Auch Anwohner können dank dieser Hilfsstraße zu ihren Häusern oder zur Arbeit gelangen. Als Urlauber ohne Termindruck sollte man diesen Weg nur im Ausnahmefall benutzen. Während der TT befinden sich ca. 35.000 Motorradfahrer auf der Insel. Jeder kann sich vorstellen, was für ein Chaos ausbricht, wenn alle den Kurs auf dieser Straße kreuzen wollten. Deshalb empfehle ich, die Rennen wahlweise **innerhalb oder außerhalb der Strecke** anzuschauen.

Da die Streckensperrungen durchaus zwischen fünf und acht Stunden betragen können, aber nicht jeder so lange an einem einzigen Platz zuschauen möchte, nenne ich alternative Streckenpunkte in der Nähe, die man ebenfalls anfahren kann.

GRANDSTAND (Start/Ziel)

Von der Start- und Zieltribüne aus lässt sich die hektische Betriebsamkeit in der Boxengasse gut beobachten. Weil die Strecke so lang ist, müssen Tankstopps eingelegt werden. Das erinnert alles etwas an Formel 1 oder Langstreckenrennen mit Reifen- und Visierwechsel. Man sieht, welches Team die schnellste Crew hat, aber auch, wo ein Sieg vielleicht beim Boxenstopp verschenkt wird, weil die Mechaniker nicht optimal arbeiten. Es hängt eine Atmosphäre in der Luft, die einfach mitreißt, aber hier nicht zu beschreiben ist.

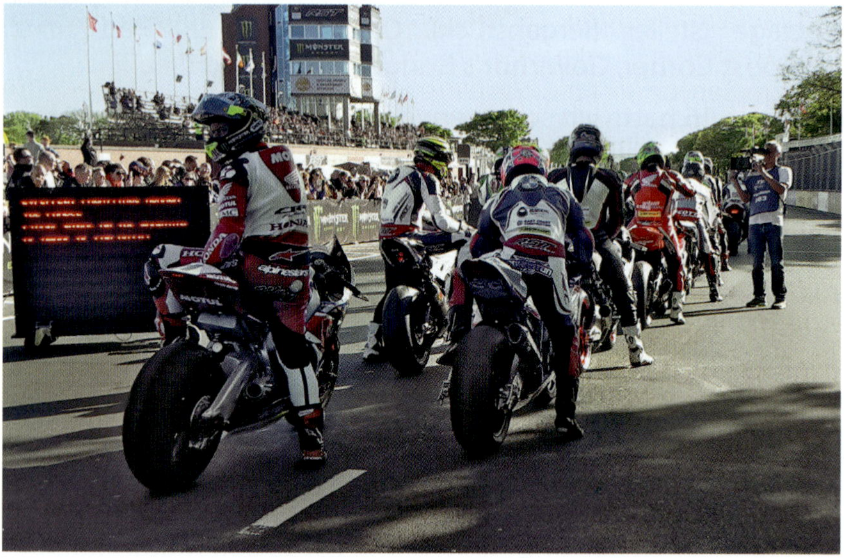

Anspannung vor dem Start

Damit Unfälle beim Durchfahren der Boxengasse vermieden werden, ist am Beginn die so genannte STOP-Box eingerichtet. In diesem Viereck müssen die Fahrer anhalten und ein Bein muss die Erde berühren. Erst dann dürfen sie zu ihrer Box fahren. Wer diese Regelung vergisst, wird disqualifiziert. In der Hektik eines Rennens kommt das öfter vor als man denkt.

Grandstand Tickets (Haupttribünenplätze) kosten extra von 3 £/Tag in der Trainingswoche bis 25 £ pro Person an Renntagen. Die Karten sollten im voraus reserviert werden über

www.iomtt.com

Standort:
Außerhalb des Kurses
Alternativen:
Governor's Bridge, Signpost Corner, Bray Hill, Quarter Bridge, Braddan Bridge, Creg-ny-Baa

BRAY HILL

Kurz nach Start/Ziel kommt die erste Höchstgeschwindigkeitsstelle - Bray Hill. Dort donnern die Fahrer so den Berg herunter, dass einem der Atem stockt. Obwohl nur eine Senke mit leichtem Rechtsknick im unteren Bereich, nutzen die Fahrer bei diesem Tempo fast die gesamte Straßenbreite, um die Ideallinie zu halten. Durch die hohe Geschwindigkeit am Bottom of Bray Hill heben viele Maschinen kurz ab und werden beim Aufsetzen entsprechend zusammengestaucht, was der Fahrer mit Können ausgleichen muss.

Standort:
Außerhalb oder innerhalb des Kurses (Außenseite bevorzugt)

Alternativen:
Kurs-Außenseite: Grandstand, Governor's Bridge, Signpost Corner, Creg-ny-Baa, Quarter Bridge, Braddan Bridge, Union Mills, Ballacraine
Kurs-Innenseite: Braddan Bridge, Union Mills

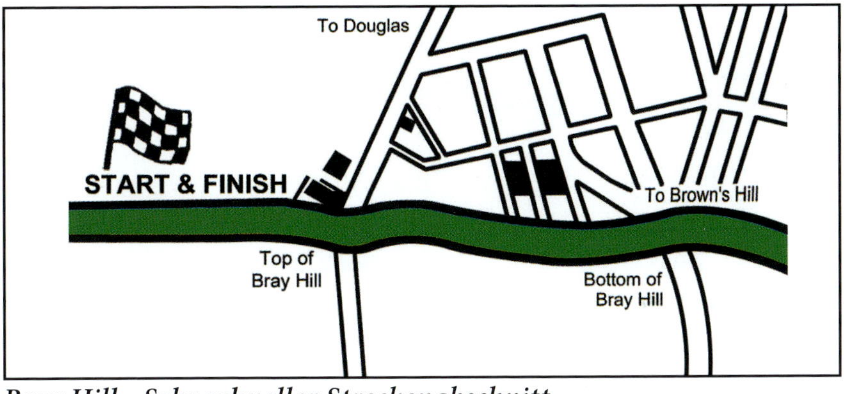

Bray Hill - Sehr schneller Streckenabschnitt

AGO'S LEAP

Die leichte Erhebung nach der Senke des Bottom of Bray Hill wurde **Ago's Leap** (Ago's Sprung) benannt, weil Giacomo Agostini, 10-facher TT-Gewinner und 15-facher Motorrad-Weltmeister, dort besonders spektakuläre Wheelies zeigte.

QUARTER BRIDGE

Wo sich der normale Straßenverkehr in zwei nacheinander liegenden Kreisverkehren staut, fahren die Rennfahrer hier eine langsame 90 Grad-Rechtskurve. Eine ideale Voraussetzung für gelungene Fotos und Videos.
Wenn man auf der Kurs-Außenseite steht, ermöglicht es diese Kurve, das Rennen aus vielen verschiedenen Perspektiven zu beobachten.
Von der Peel Road kann man über den Parkplatz des Quarterbridge Pub auf die New Castletown Road gelangen und beim Beschleunigen Richtung Braddan Bridge zuschauen.
Außerdem bietet der Pub alles für das leibliche Wohl.

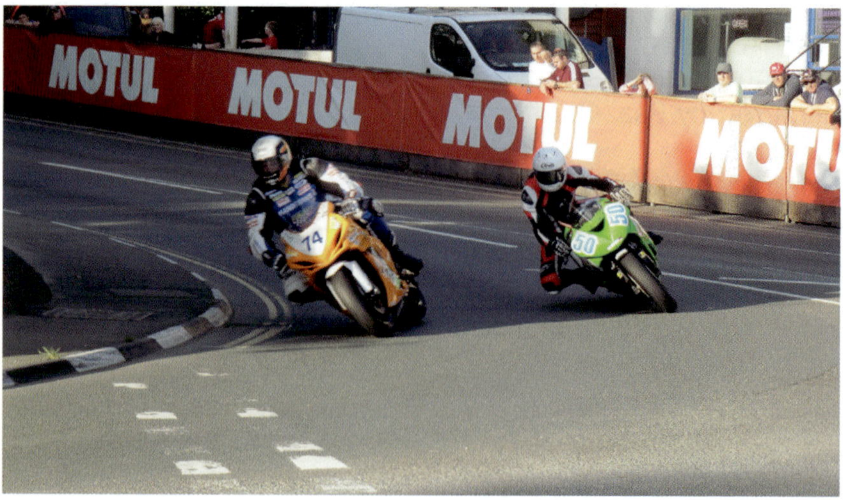

Quarter Bridge

Standort:
Außerhalb oder innerhalb des Kurses (Außenseite bevorzugt)

Alternativen:
Kurs-Außenseite: Grandstand, Bray Hill, Governor's Bridge, Signpost Corner, Creg-ny-Baa, Ballacraine, Union Mills
Kurs-Innenseite: Braddan Bridge

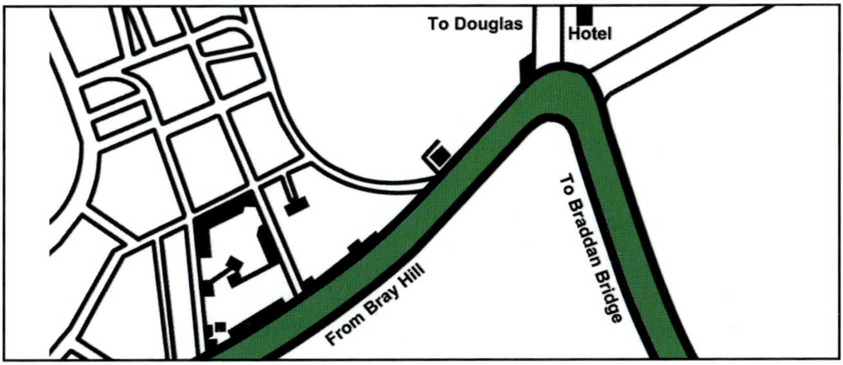

Quarter Bridge - 90 Grad Rechtskurve

BRADDAN BRIDGE

Wenige 100 Meter nach Quarter Bridge folgt die Braddan Bridge, eine S-Kurve in der die Solofahrer gut zu tun haben, vor allem aber die Schmiermaxen in den Seitenwagen. Deshalb sehen die Zuschauer an diesem Punkt gerne bei den Gespannrennen zu.

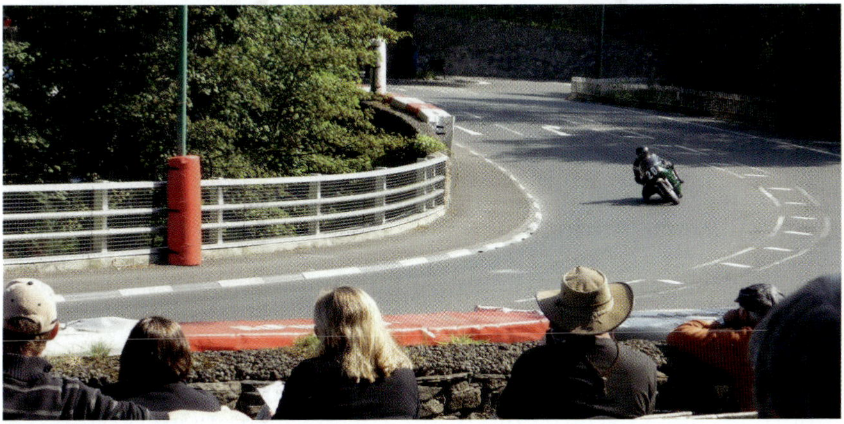

Braddan Bridge

Die Braddan Bridge liegt in einem etwas hügeligen Gebiet, in dem die Lichtverhältnisse oft wechseln. Für die Fahrer bedeutet das wegen der entstehenden Hell-Dunkel-Effekte durch die Bäume große Anforderungen an das fahrerische Können. Innerhalb des Kurses bieten die Hügel viel Platz für Zuschauer, außerhalb des Kurses sind im Bereich der Kirk Braddan Church Bänke aufgestellt, von denen sich die Rennen ebenfalls gut verfolgen lassen. Die Kirche nimmt eine kleine Aufwandsentschädigung für die Bereitstellung, meistens gibt es auch Kleinigkeiten zu essen.

Standort:
Außerhalb oder innerhalb des Kurses
Alternativen:
Kurs-Außenseite: Union Mills, Crosby, Grandstand, Bray Hill, Governor's Bridge, Signpost Corner, Creg-ny-Baa, Ballacraine, Ballaugh Bridge
Kurs-Innenseite: Bray Hill, Union Mills

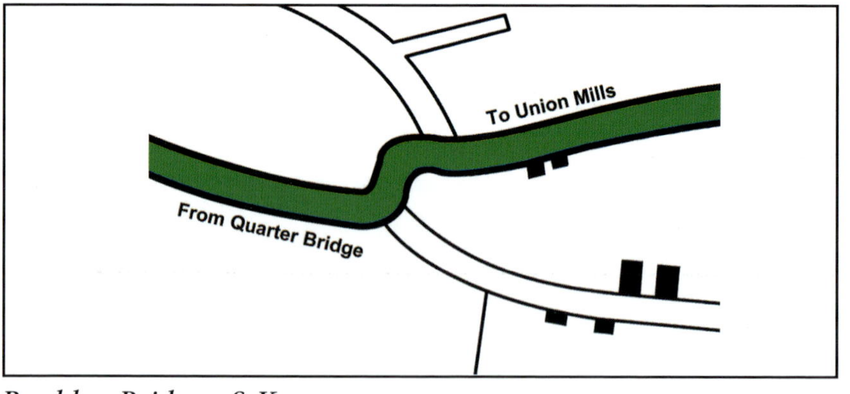

Braddan Bridge – S-Kurve

UNION MILLS

Von der Braddan Bridge geht es weiter nach Union Mills, ein schnelles Bergabstück mit einem leichten Rechts-Links-Bogen. Innerhalb des Kurses ist ein guter Zuschauerplatz im Garten der Methodist Church. Für kleines Geld kann man sich Stühle aus der Kirche ausleihen. Für die Bewirtung sorgen die Gemeindemitglieder.

Außerhalb des Kurses ist der **Railway Inn Pub** ein idealer Zuschauerpunkt, da der Garten etwas erhöht liegt. Für Essen und Trinken ist ebenfalls gesorgt.

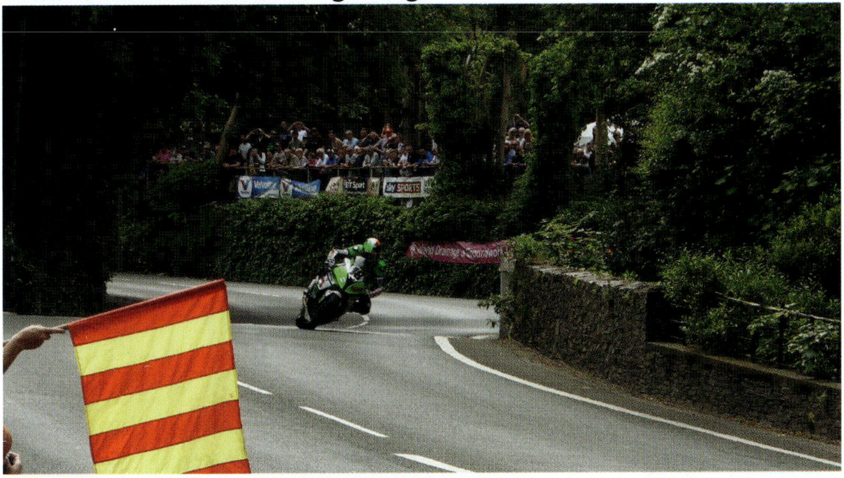

Union Mills - Flaggensignal Rutschgefahr!

Standort:
Außerhalb oder innerhalb des Kurses

Alternativen:
Kurs-Außenseite: Glen Vine, Crosby, Ballacraine, Braddan Bridge, Quarter Bridge
Kurs-Innenseite: Glen Vine, Crosby, Braddan Bridge, Bray Hill

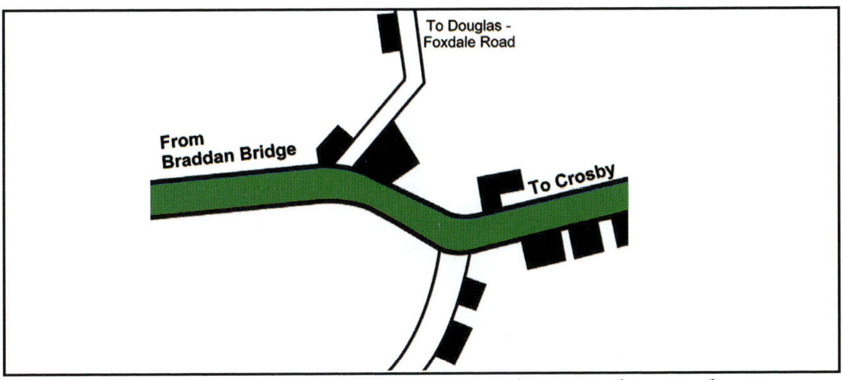

Union Mills - Schnelles Bergabstück, leichter Rechts-Links-Bogen

BALLACRAINE

Nach den sehr schnellen Abschnitten über Glen Vine, Crosby und Greeba bewegen sich die Fahrer mit immer noch hohem Tempo auf Ballacraine zu, wo wegen der nun folgenden Rechtskurve hart abgebremst wird. Der Sound der Maschinen kribbelt im Bauch, dazu bietet sich dieser Streckenpunkt sehr gut zum Fotografieren an.

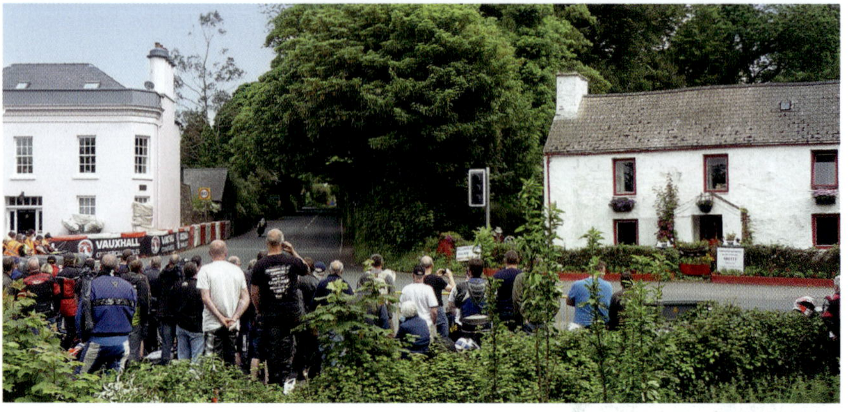

Ballacraine

Standort:
Außerhalb des Kurses
Alternativen:
Kirk Michael, Crosby, Glen Vine, Union Mills, Braddan Bridge, Quarter Bridge

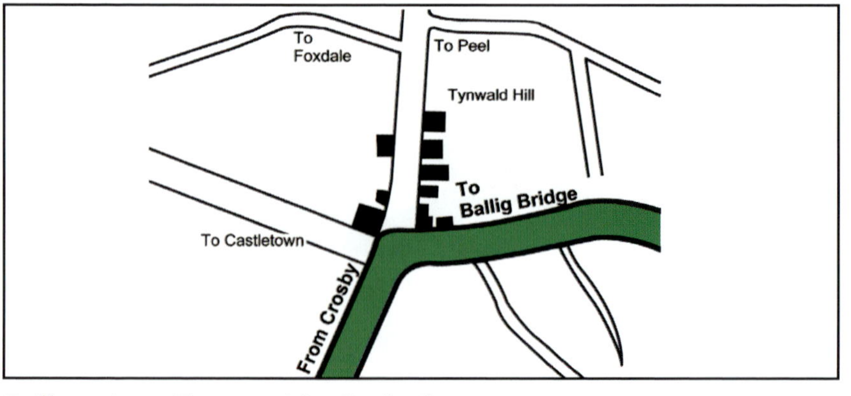

Ballacraine - Temporeiche Rechtskurve

GLEN HELEN

Bei Glen Helen geht die Strecke an Häusern, Mauern und bewachsenem Fels vorbei, ein kurvenreicher ansteigender Abschnitt, der in Richtung Kirk Michael führt. Es gibt einige schöne Zuschauerplätze, wobei die goldenen Zeiten für Glen Helen selbst wohl endgültig vorbei sind. Der große Hotelkomplex vor dem beeindruckenden Glen steht leer, das Restaurant ist geschlossen. Der Imbisswagen auf dem Parkplatz kann die entstandene Lücke nicht wirklich ausgleichen. Da man hier während der Streckensperrung nicht weg kommt, sollte man eher an einem Trainingstag zuschauen, wenn die Strecke nicht zu lange gesperrt ist.

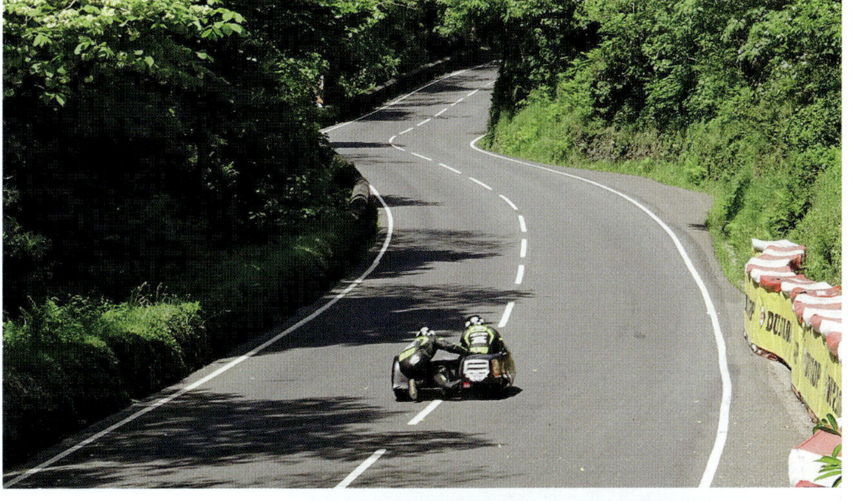

Glen Helen

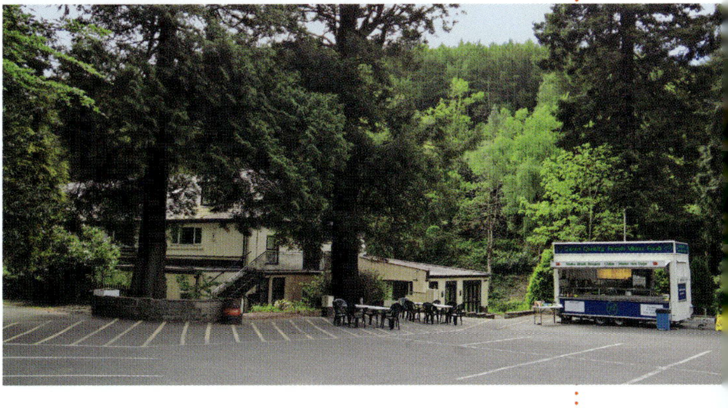

Standort:
Innerhalb des Kurses

Alternativen:
Keine

CRONK-Y-VODDY und BARREGARROW <Bigärrou>

Beides sind Hochgeschwindigkeits-Streckenpunkte, die innerhalb des Kurses über die Bergroute angefahren werden können.

Standort:
Innerhalb des Kurses
Alternativen:
Bungalow, Ballaugh Bridge

KIRK MICHAEL

Durch Kirk Michael geht es in leichten Kurven, aber auch die lang gezogene Rechtskurve am Ortsausgang lässt die Fahrer das Gas nicht wirklich zurücknehmen. Ein schnelles Stück Strecke, das von innen und außen gut einzusehen ist.
Ein beliebter Treff ist das **Mitre Hotel**. Von hier aus ist kein Wechsel zu einem anderen Streckenpunkt möglich. Aber man ist gut versorgt mit Speis und Trank in einer tollen Atmosphäre. Parken ist möglich im Whitehouse Park, an Renntagen kostenpflichtig.

Standort:
Außerhalb oder innerhalb des Kurses
Alternativen:
Kurs-Außenseite: Ballacraine

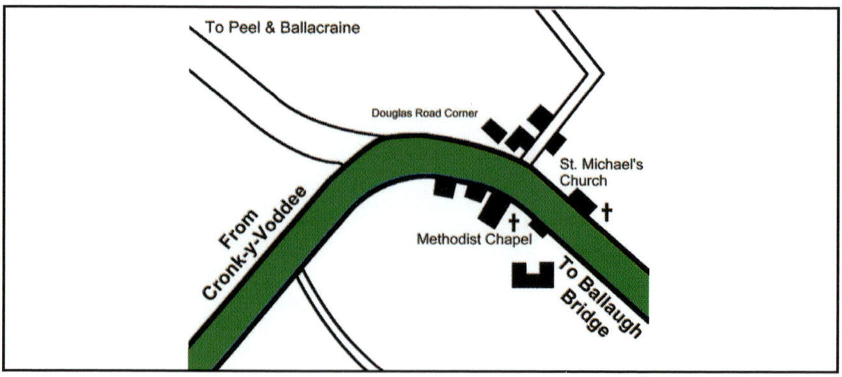

Kirk Michael – Langgezogene Rechtskurve

BALLAUGH BRIDGE

An der Ballaugh Bridge <Balaaf> gibt es die spektakulärsten Sprünge, weil die Fahrer schon im Sprung die Maschine zur anderen Seite kippen müssen, um die anschließende leichte Rechtsbiegung zu fahren. Sieht man ein Foto der Ballaugh, fragt man sich, was da Besonderes sein soll. Fährt man selbst einmal über die Brücke, weiß man, dass nur Könner solche Sprünge zeigen können.

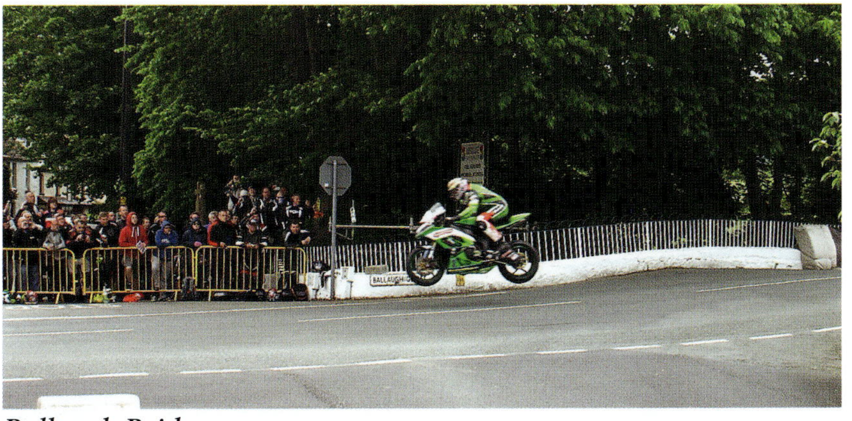

Ballaugh Bridge

Ein ganz besonderer Ballaugh-Spezialist ist der Deutsche Helmut Dähne. Seine Sprünge sind legendär. Wenn Sie auf der Isle of Man ein Foto eines besonders schönen Ballaugh-Sprung sehen, der Fahrer in rotem Lederanzug mit weißen Querstreifen, das ist Dähne. Seine letzten TT-Rennen fuhr er 1994.

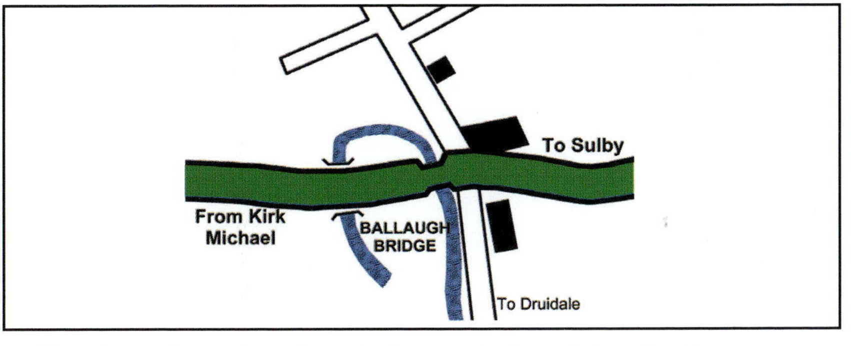

Ballaugh Bridge – Brücke mit Garantie für schöne Sprünge

Standort:
Außerhalb oder innerhalb des Kurses

Alternativen:
Kurs-Außenseite: Sulby Straight/Sulby Bridge, Ramsey/Parliament Square, Gooseneck
Innerhalb des Kurses: Barregarow, Cronk-y-Voddy, Brandywell/Bungalow, Bray Hill, Braddan Bridge

SULBY STRAIGHT / SULBY BRIDGE

Die Straight ist das schnellste Stück der Rennstrecke, die Fahrer kommen mit absoluter Höchstgeschwindigkeit von der Straight zur Sulby Bridge, bremsen dort hart ein für die leichte Rechtskurve im Bereich der Brücke.

Standort:
Außerhalb oder innerhalb des Kurses

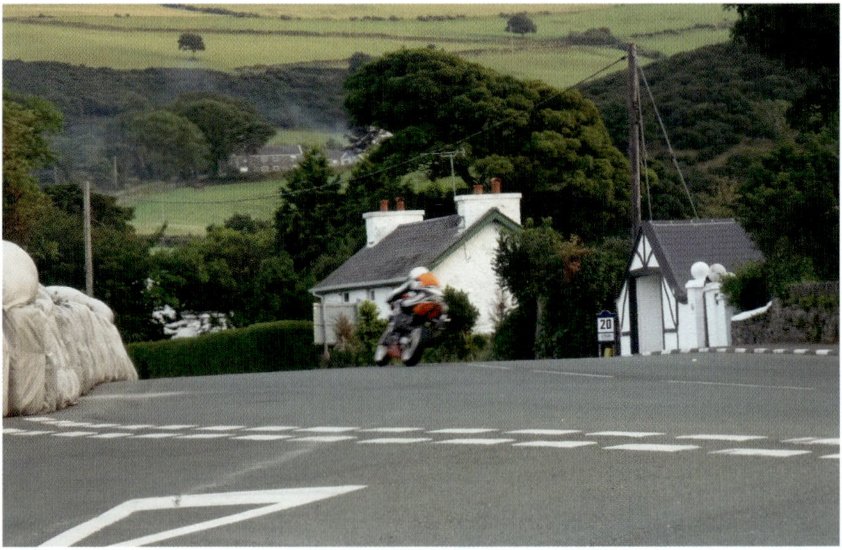

Sulby Bridge

Alternativen:
Kurs-Außenseite: Ballaugh Bridge, Ramsey/Parliament Square, Gooseneck (siehe auch Durch die Berge, Seite 102)
Innerhalb des Kurses: Bungalow

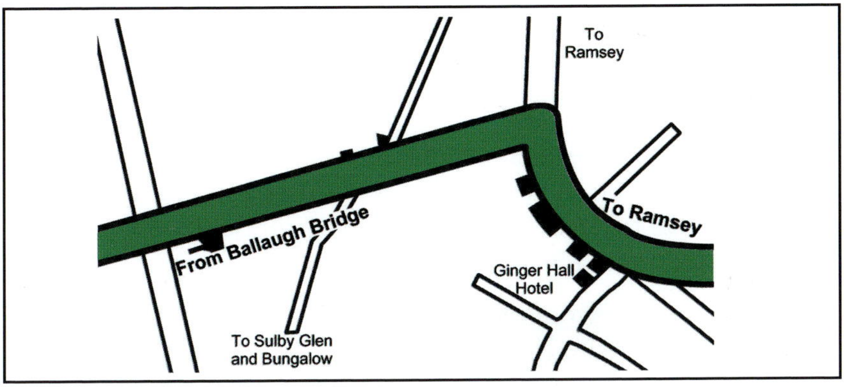

Sulby Straight - Sulby Bridge / Rechtskurve

PARLIAMENT SQUARE

Dieser Streckenpunkt liegt mitten in Ramsey. Eine sehr langsame Rechtskurve, besonders beliebt bei den Fans. Es herrscht Volksfeststimmung und jeder findet es einfach schön. Wer in vorderster Reihe steht, hat die Chance, Rennbilder ohne störende Köpfe von anderen Zuschauern zu machen. Dazu gibt es ringsum genug Läden, so dass Essen und Trinken für die TT-Gäste gesichert ist.

Standort:
Außerhalb oder innerhalb des Kurses

Alternativen:
Kurs-Außenseite: Hairpin, Gooseneck,
Sulby Straight/Sulby Bridge, Ballaugh Bridge

HAIRPIN

Kurz nach Ramsey kommt die Hairpin, wie der Name schon sagt, eine Haarnadelkurve. Scharf nach links abbiegend, eignet sie sich hervorragend zum Fotografieren und Filmen. Man kann die verschiedenen Fahrstile und Fahrwerke hervorragend studieren, bevor sich die Fahrer Richtung Waterworks/Gooseneck davonmachen.

Standort:
Außerhalb oder innerhalb des Kurses (bessere Bilder)
Außerhalb des Kurses via A2, Abzweig in den Claughbane Walk (am Ortseingangschild Ramsey vor den Eisenbahnschienen links in die kleine Straße einbiegen).

Alternativen:
Kurs-Außenseite Ramsey/ Parliament Square

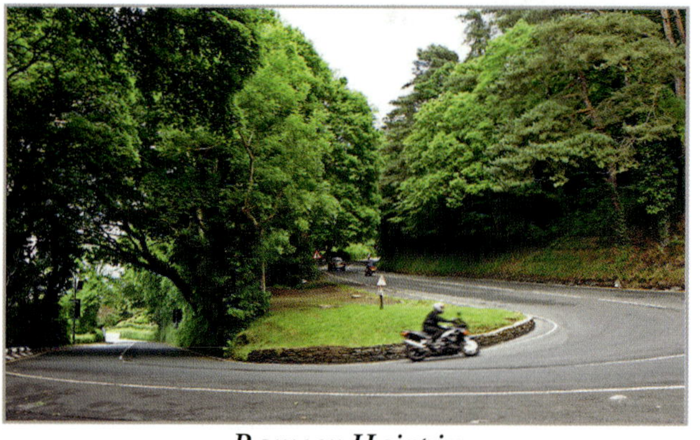

Ramsey Hairpin

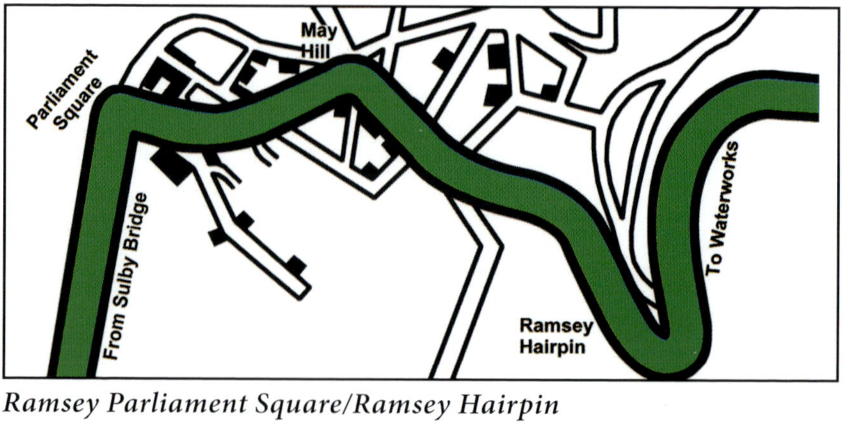

Ramsey Parliament Square/Ramsey Hairpin

WATERWORKS / GOOSENECK

Am Gooseneck hat der Zuschauer die Möglichkeit, die Maschinen von vorne zu fotografieren. Die Rechtskurve liegt in einem stark ansteigenden Stück der Strecke. Der „gänsehals"förmige Streckenabschnitt zwingt zu gemäßigtem Renntempo. Die Zuschauer sitzen erhöht, das Teilstück ist gut einsehbar. Dazu gibt es einen tollen Blick auf die Ramsey Bucht und den Albert Tower.

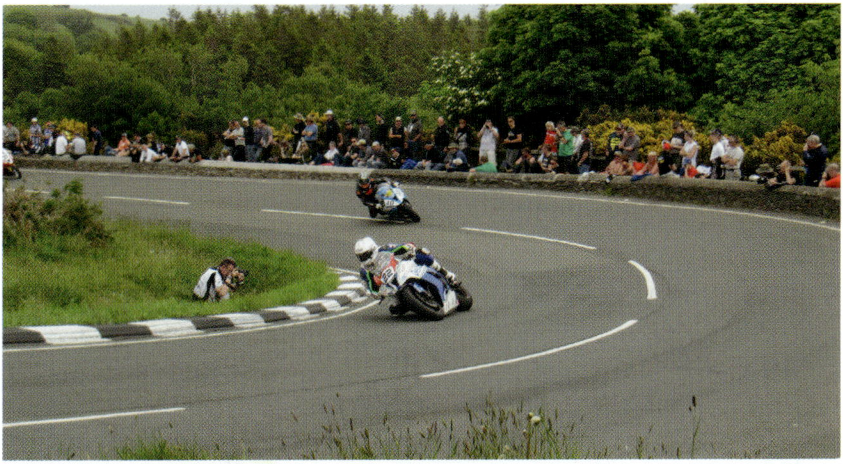

Gooseneck

Standort:

Außerhalb des Kurses.
Die Zufahrt ist recht abenteuerlich, von Laxey kommend auf der A2 in Richtung Ramsey auf Höhe Ballagilley links neben einem Bus-Haltestellenhäuschen in den Feldweg einbiegen.
Orientierungspunkt: Auf der rechten Seite geht die A15 Richtung Cornaa/Maughold ab).

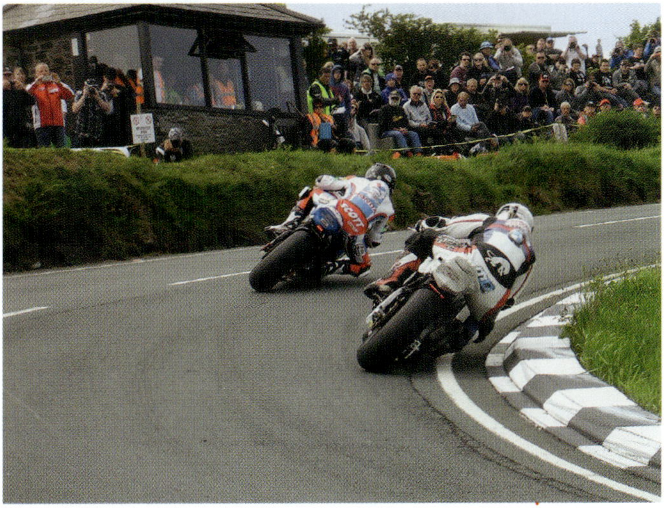

Hier ist die detaillierte Inselkarte wieder hilfreich. Ich kenne kein Navi, das diese Zufahrt als Weg gespeichert hat.

Das Motorrad auf der Wiese zu parken ist ebenfalls abenteuerlich, da diese eine ordentliche Schräglage aufweist. Umkippen geht ganz schnell. Tipp: Möglichst am oberen Rand parken.

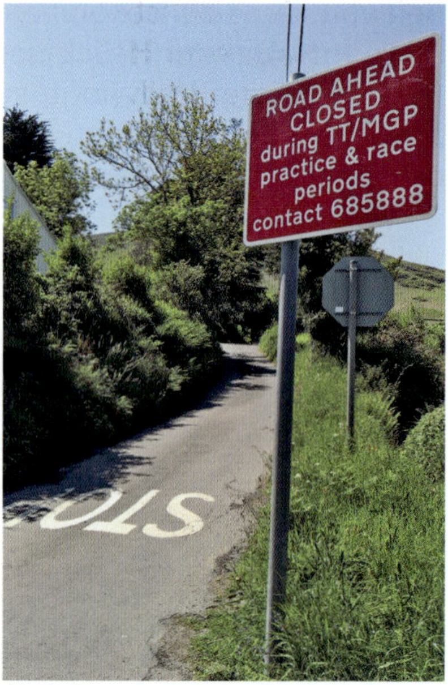

Zufahrt Gooseneck

Alternativen:
Ramsey/Parliament Square,
Sulby Straight/Sulby Bridge,
Ballaugh Bridge

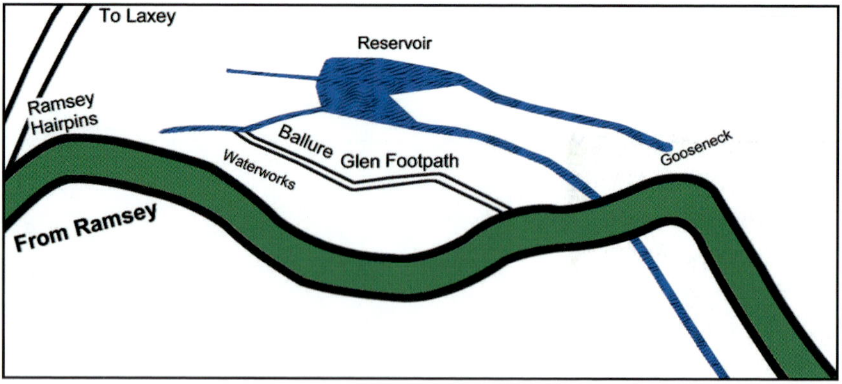

Waterworks/Gooseneck -Kurviger Streckenabschnitt

26th Milestone/Joey's

2002 wurde der 26th Milestone in **Joey's** umbenannt zum Gedenken an den 26-fachen TT-Sieger Joey Dunlop (siehe auch Route Durch die Berge, Seite 106).

Hailwood Rise / Hailwood Heights

Der Anstieg von Bungalow zu Brandywell ist als **Hailwood Rise** bekannt. Der höchste Punkt des Rennkurses, kurz vor Brandywell als **Hailwood Heights**, in Erinnerung an den legendären „Mike the Bike" Hailwood, der 14 TT-Siege für sich verbuchen konnte.

BUNGALOW / BRANDYWELL / WINDY CORNER

Wer ein flottes Tempo sehen will, nutzt im Kursinneren am besten die Straße zu Brandywell, von wo aus man zu Fuß zu Windy Corner oder an den höchsten Punkt der Rennstrecke, Bungalow gelangen kann. Hier brausen die Fahrer mit sehr hohem Tempo durch eine langgezogene S-Kurve. Mitten in diesem Teil liegen quer zur Fahrbahn die Schienen der Manx Electric Railway, was die Bikefahrwerke ganz schön zum Schütteln bringt.

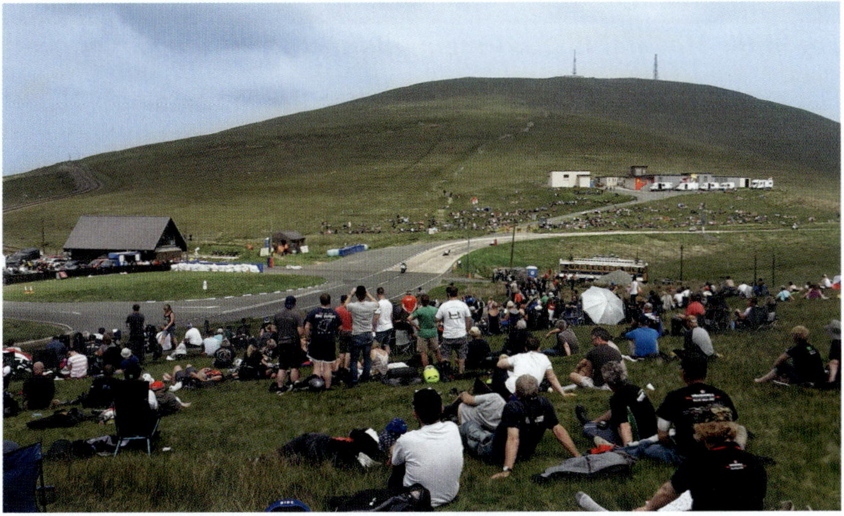

Noch eine kleine Warnung zu diesem Streckenabschnitt: Es ist oft sehr kalt. Auch wenn unten an der Küste schönes Wetter ist, kann am Bungalow ein eisiger Wind wehen. Vor ein paar Jahren war es so kalt und windig, dass es uns den heißen Tee aus den Bechern wehte. Das hatten wir bis dato auch noch nicht erlebt.

Die Fahrer haben hier also nicht nur mit den Eisenbahnschienen, sondern auch mit dem Wind zu kämpfen, der an diesem höchsten Streckenabschnitt ungehindert über das kahle Bergland braust. Wenn morgens ein Rennen stattfindet, kann es passieren, dass alle Vorbereitungen getroffen sind, aber trotzdem kein Start erfolgt.

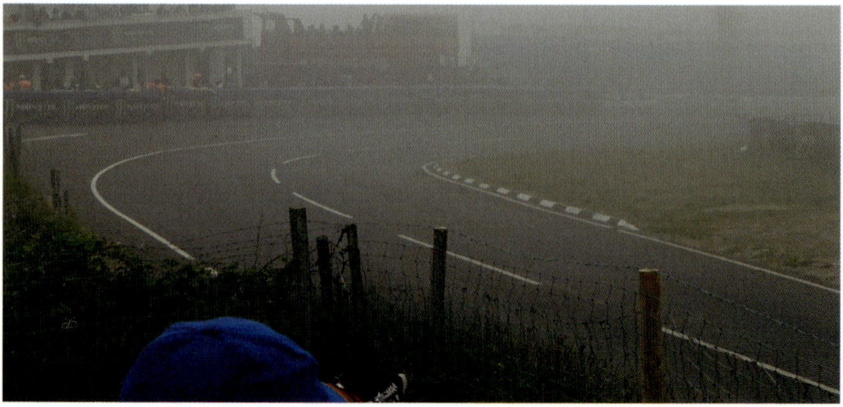

Fog in the Mountains - bis Creg-ny-Baa

Dann hört man bei Radio TT oft „Fog in the Mountains" - Nebel in den Bergen. Dieser muss sich sprichwörtlich erst in Luft auflösen, damit der Rettungshubschrauber fliegen darf. Zum Glück ist es auf der restlichen Insel dann meistens sonnig warm und einem kleinen Schläfchen neben der Rennstrecke steht nichts im Wege. Spätestens beim Start ist man wieder hellwach.

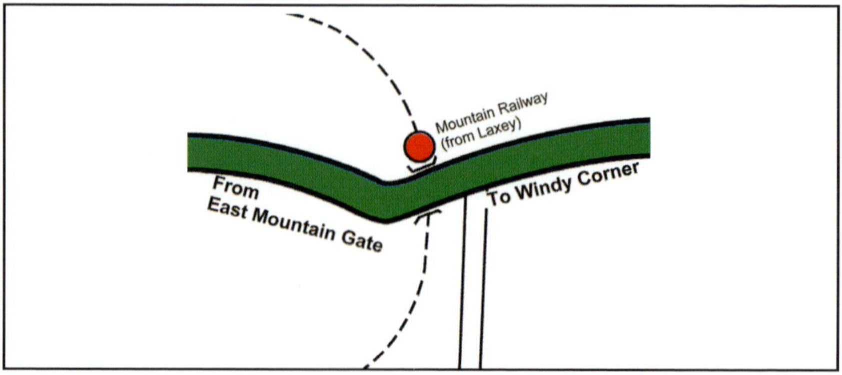

Bungalow- Langgezogene S-Kurve

Standort:
Innerhalb des Kurses, Windy Corner auch außerhalb
Alternativen:
Von Bungalow innen: Sulby Straight/Sulby Bridge
Von Brandywell innen: Ballaugh Bridge, Barregarrow, Cronk-y-Voddy. Von Windy Corner außen: Creg-ny-Baa

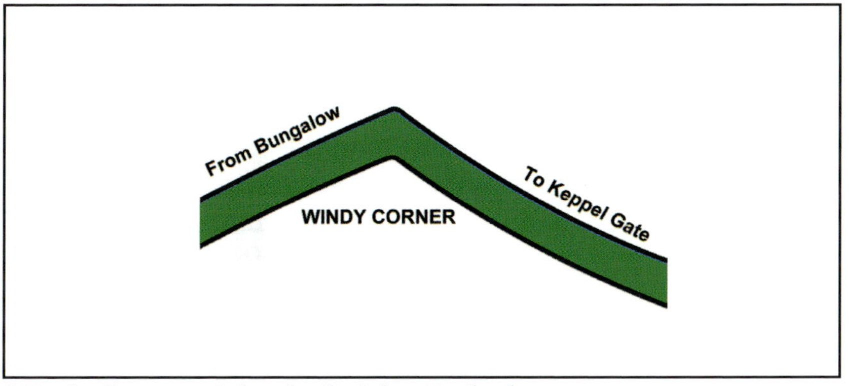

Windy Corner - Scharf geknickte Rechtskurve

CREG-NY-BAA

Die Fahrer kommen mit hoher Geschwindigkeit über Bungalow, Windy Corner und Kate's Cottage nach Creg-ny-Baa, müssen hier das Tempo stark drosseln, weil es um eine 90°-Rechtskurve geht. Der Sound der Maschinen mit dem mehrmaligen Herunterschalten lässt einem die Haare zu Berge stehen.

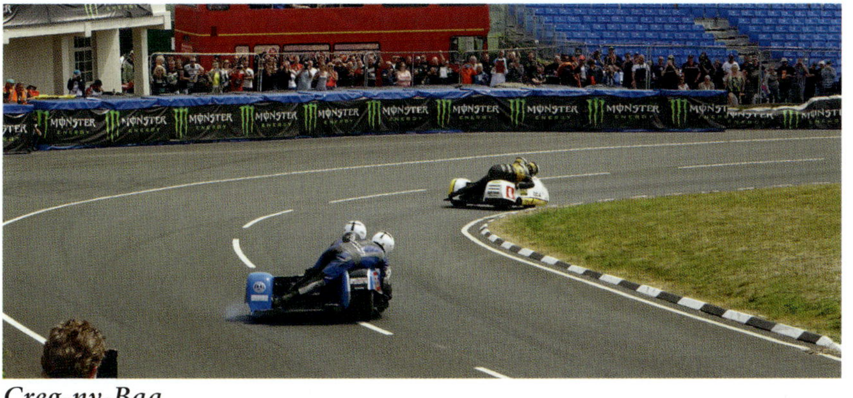

Creg-ny-Baa

Das Creg-ny-Baa-Hotel/Restaurant bietet sich als Zuschauerpunkt förmlich an. Die Sicht auf die Strecke ist super, gleichzeitig braucht man sich keine Sorgen um die Verpflegung zu machen. Das Essen ist gut und wer nicht im Pub speisen möchte, kann das auch stilvoll im Restaurant nebenan tun.

Standort:
Außerhalb des Kurses

Alternativen:
Grandstand (Start/Ziel), Bray Hill, Quarter Bridge, Braddan Bridge, Governors Bridge, Signpost Corner, Windy Corner

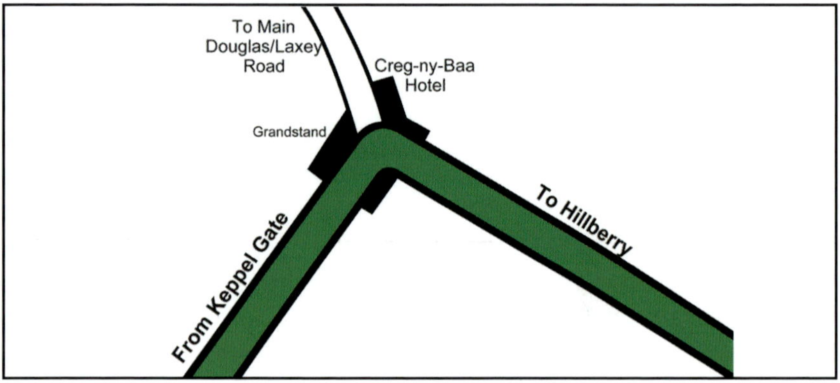

Creg-ny-Baa - 90 Grad Rechtskurve

SIGNPOST CORNER / GOVERNOR'S BRIDGE

Signpost Corner ist eine leichte Rechtskurve, die die Fahrer zügig durchfahren. Es kann kurze Herzschlagmomente geben, wenn ein Fahrer die Geschwindigkeit nicht genügend drosselt. Über The Nook (Old Road) geht es S-förmig zur Governor's Bridge bevor die Fahrer auf der Glencrutchery Road wieder zu Start/Ziel (Grandstand) kommen.
Auch hier gibt es wechselnde Lichtverhältnisse, weil dieser Teil komplett mit Bäumen und Sträuchern überwuchert ist. Die Fahrer kommen also im Extremfall von einer sonnigen Straße in einen grünen dunklen Tunnel und sofort wieder in die Sonne.

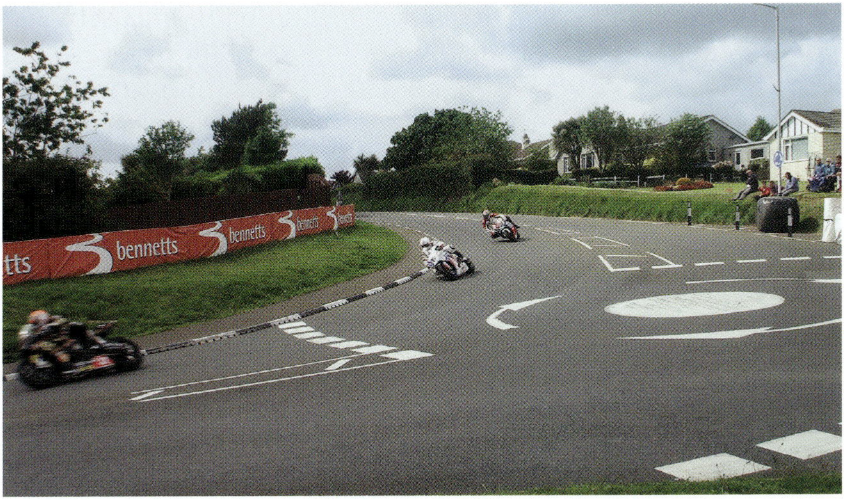

Signpost Corner

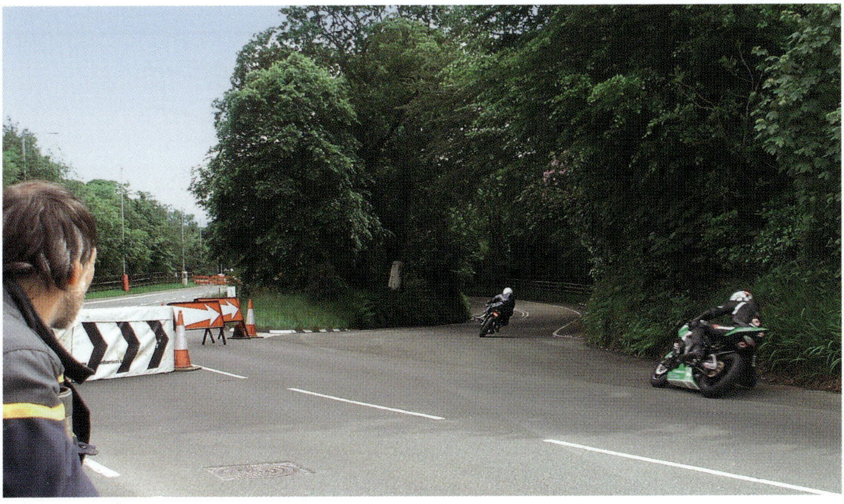

The Nook

Standort:
Außerhalb des Kurses
Alternativen:
Creg-ny-Baa, Grandstand (Start/Ziel), Bray Hill, Quarter Bridge, Braddan Bridge

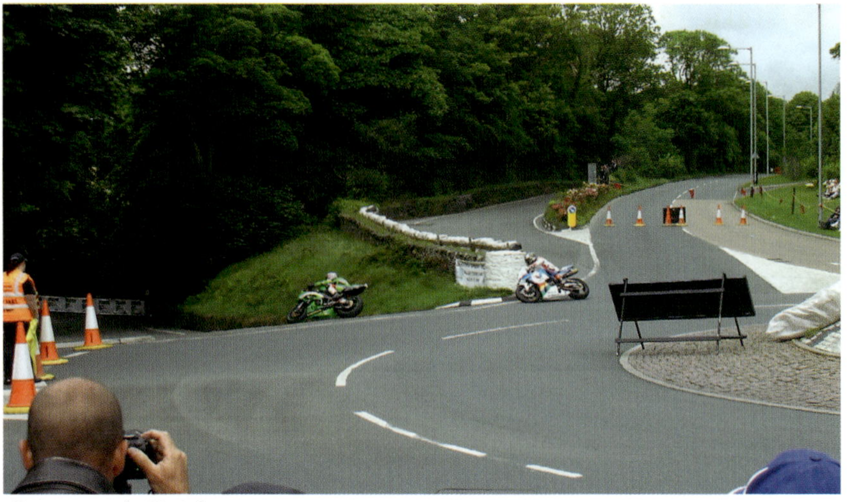

Governor's Bridge

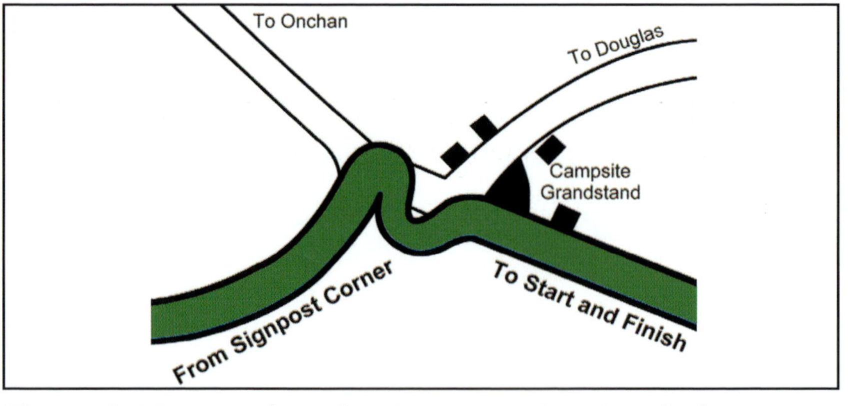

The Nook / Governor's Bridge: Langsamer Streckenabschnitt

Ich möchte hier bewusst nicht alle Streckenpunkte aufzählen. Jeder, der die IOM besucht, fährt mindestens einmal den Kurs ab. Tun Sie es in einem gemächlichen Tempo, schauen Sie sich die einzelnen Abschnitte an und entscheiden Sie dann, wo Sie das Rennen verfolgen möchten.

Zusätzliche Events während des TT Festivals

Auch rennfreie Tage sind auf der Isle of Man nicht langweilig. Es finden viele Zusatzveranstaltungen statt, die alle im offiziellen Programmheft aufgeführt sind. Abwechslung ist garantiert, denn Show, Treffen, Präsentationen oder Racing wechseln sich ab.

Beach Moto Cross

Moto Cross direkt am Strand mit künstlich angelegten Sprunghügeln, ein Volksfest.

Feuerwerk in Douglas Beach

Nach Einbruch der Dunkelheit gegen 23 Uhr feiern die Manx die TT mit einem gigantischen Feuerwerk und alle Besucher feiern mit.

Red Arrows Kunstflugstaffel

Wer die fliegenden Artisten noch nie gesehen hat, darf sich dieses Spektakel nicht entgehen lassen; was die Piloten in ihren Kunstflugmaschinen zeigen, ist atemberaubend.

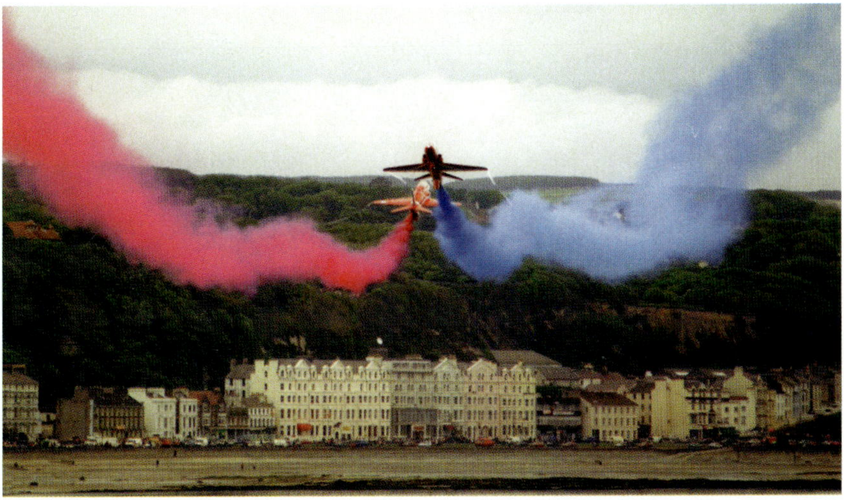

Pre-TT-Classic Races und Post-TT Races

Die **Pre-TT-Classic Races** wie auch die **Post-TT Races** werden auf dem 4,25 Meilen langen **Billown Straßenkurs** bei Castletown im Süden der Insel ausgetragen.

Die **Pre-TT** (vor der TT) findet an drei Tagen mit neun Rennen während der Trainingswoche der TT statt. Wer schon vor Ort ist, sollte sich dieses Ereignis nicht entgehen lassen.

Bei manchem Starter fragt man sich, wer ist denn nun älter, Fahrer oder Maschine? Die alten Haudegen sind mit Begeisterung bei der Sache. Als Zuschauer kann man mitten durch das Fahrerlager schlendern und sich alles genau ansehen. Die Atmosphäre ist betriebsam-hektisch und stimmt richtig auf die kommende TT ein.

Am Samstag nach der TT, wenn der Großteil der TT-Besucher schon auf dem Nachhauseweg ist, gibt es ein letztes Renn-Bonbon in drei Soloklassen auf dem Billown Circuit, die **Post-TT.**

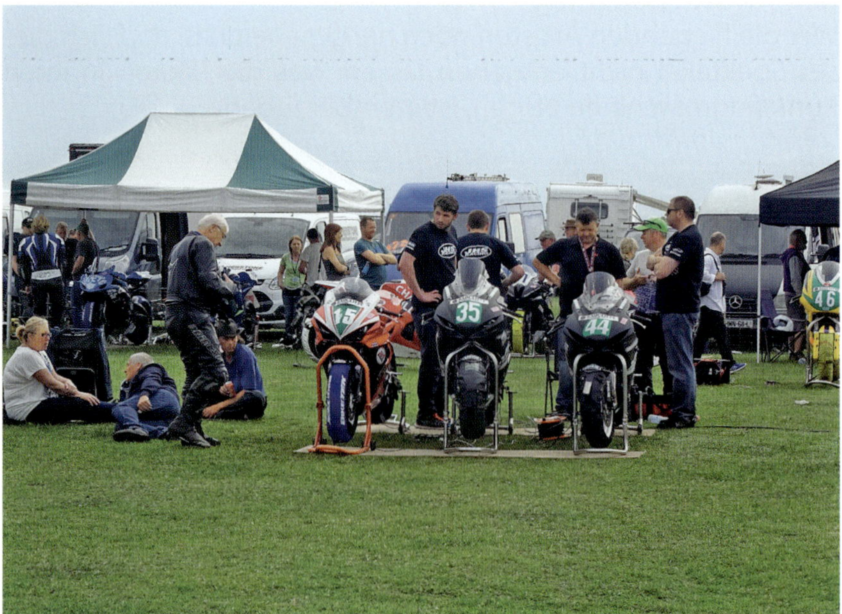

Fahrerlager - Post-TT

Classic Bikes Präsentation

Einen Tag nach der Pre-TT werden auf dem Marktplatz in Castletown die **Classic Bikes** präsentiert. Eine Supergelegenheit, um von diesen alten Schönheiten tolle Bilder zu machen und „Benzin zu reden".

Ramsey Sprint

Eine gigantische Veranstaltung, die man nicht versäumen sollte. Neben den **Sprintrennen**, an denen übrigens jeder teilnehmen kann, gibt es Showeinlagen der verschiedensten Art zu sehen, von Motocross-Artisten bis zu Stuntshows, u.a. mit den **Purple Helmets**.

www.sheepskullenduroriders.com

Purple Helmets

Die **Purple Helmets** sind die bekannteste Stunt-Komikertruppe auf der Isle of Man, die vielen Videos im Internet beweisen das. Sie betonen gerne, dass sie im „normalen" Leben alle seriöse Berufe ausüben, aber während der TT herrscht Ausnahmezustand. Da zeigen die Herren, was sie drauf haben in Sachen Komik und Waghalsigkeit. Eine Show mit großem Unterhaltungswert.

www.facebook.com/The Purple Helmets

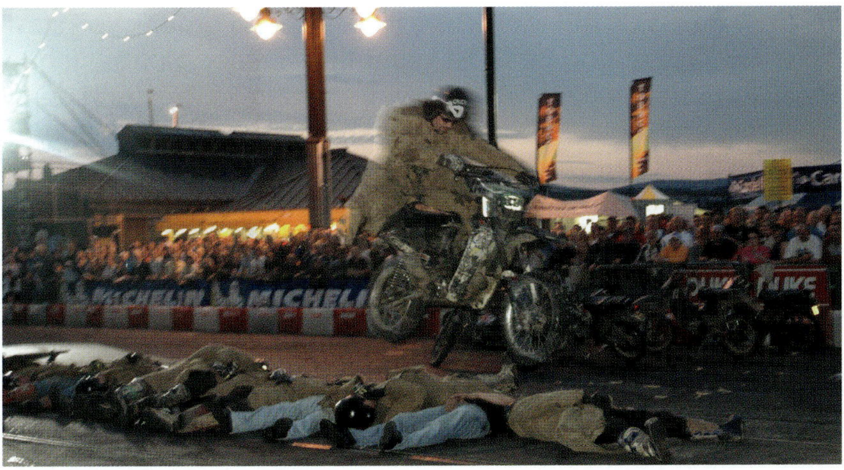

Purple Helmets in Action

Streetbike Challenge

Die Streetbike-Szene trifft sich zur **Challenge in Ramsey**. Hier werden die abgedrehtesten, besten und technisch aufwendigsten Streetbikes der TT prämiert sowie jede Menge Gummi verbrannt.

Mad Sunday

Der Sonntag zwischen Trainings- und Rennwoche ist der **Mad Sunday**. Viele haben gehört „da kann man selbst um den Kurs rasen". Nein, ganz so ist es nicht!
Die Veranstalter weisen das Stück der Rennstrecke von Ramsey Hairpin bis Creg-ny-Baa mittlerweile während des gesamten TT-Festivals aus Sicherheitsgründen als Einbahnstraße (One Way-System) aus. Die Fahrbahn wird im Bereich der Mountain Road künstlich verengt, um die Geschwindigkeit zu drosseln. Am Mad Sunday ist das nicht anders, nur sind noch mehr Möchtegern-Rennfahrer als sonst unterwegs, was die Sache gefährlich macht. Einige vergessen auch, dass die Einbahnstraßenregelung bei Creg-ny-Baa aufgehoben wird und Gegenverkehr zu erwarten ist. Aus Sicherheitsgründen fährt man an diesem Tag am besten die komplette Rennstrecke nur in Kursrichtung.
Meine Einstellung zu diesem Ereignis ist etwas zwiespältig. Schließt man sich der Meute an, ist es wie ein großes Volksfest auf zwei Rädern und Spaß ist garantiert. Leider gibt es genug Verrückte, die sich dann wirklich als Rennfahrer fühlen und dementsprechend viele verbogene Maschinen sind am Ende dieses Tages zu sehen.
Wer es ausprobieren will, sollte mit Verstand und Vorsicht fahren, damit das Motorrad auch für die Heimreise noch zur Verfügung steht. Fazit: Zuschauen ist besser als selbst fahren.

Stock Car Racing

Im Onchan Pleasure Park wird typisches Stock Car-Rennen gezeigt, aber auch Sprünge mit dem Motorrad über eine Reihe Autos - aufregend!

Festival of Motorcycling - Classic TT und Manx Grand Prix (MGP)

Das **Festival of Motorcycling** mit **Classic TT** und **Manx Grand Prix (MGP)** gilt bei vielen Besuchern als „kleine TT", ruhiger, gemütlicher. Die Veranstaltungen laufen ebenfalls über einen Zeitraum von zwei Wochen Ende August/Anfang September (Termine siehe Anhang, Seite 169).
www.manxgrandprix.org / www.iomtt.com/Classic-TT

1923 wurde dieses Rennen zum ersten Mal unter dem Namen „Manx Amateur Road Races" ausgetragen, um jungen Fahrern die Möglichkeit zu geben, Rennen zu fahren. Es gab jedoch noch einen weiteren Grund, die „Amateur Road Races" ins Leben zu rufen. 1921 hatte die ACU Auto Cycle Union angekündigt, die Tourist Trophy nach Belgien zu verlegen.

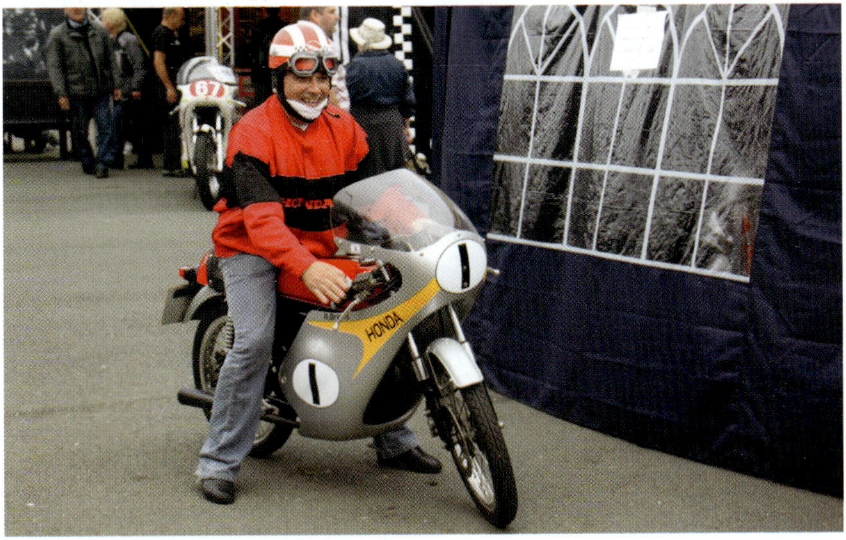

Nach zähen Verhandlungen war der Verbleib der TT auf der Insel zwar gesichert, trotzdem entschloss sich der Manx Motor Cycle Club, zusätzlich die Amateurveranstaltung auszutragen.

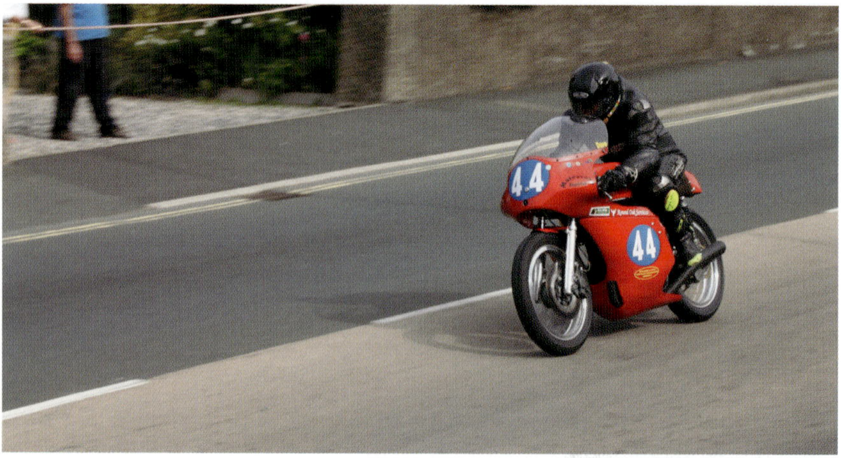

Classic Racer - Bray Hill

1930 wurde daraus der „Manx Grand Prix". Immer noch gilt er als Rennveranstaltung für Newcomer.
Mittlerweile heißt die Gesamtveranstaltung „Festival of Motorcycling". Innerhalb dieses Events wird die Classic TT und der Manx Grand Prix ausgetragen.
Die Regeln besagen, dass ein Fahrer, der bei der TT gestartet ist oder einen Manx Grand Prix gewonnen hat, nicht mehr zum

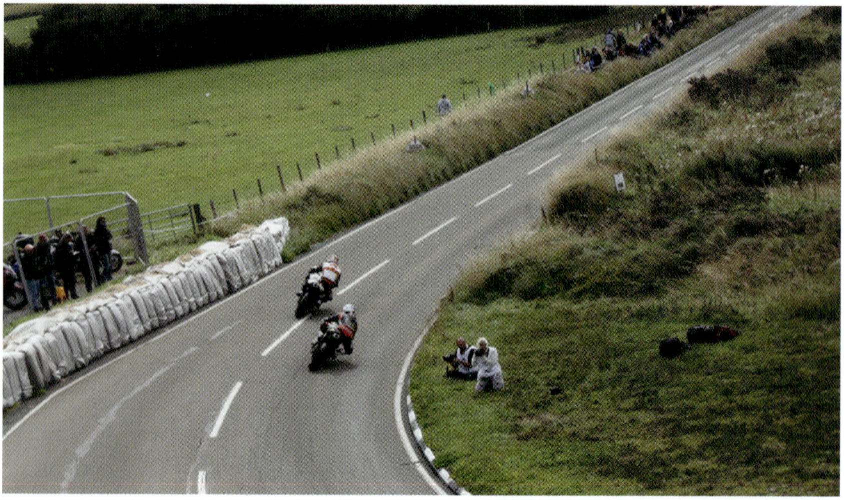

Überholen ausgangs Creg-ny-Baa

MGP zugelassen wird. Ausnahmen für TT-Fahrer gibt es aber bei der Classic TT.

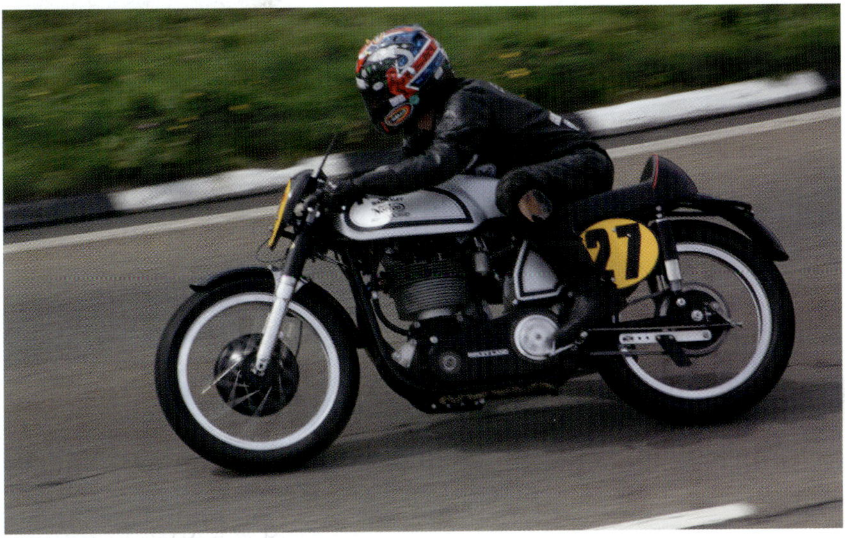

Ein altes englisches Schätzchen

Trainingswoche (practice week)

Das Qualifying zu Classic TT und MGP startet am Samstag vor der Trainingswoche, dann täglich von Montag bis Freitag in dieser Woche jeweils um 18 Uhr.
Die **Practice Periods** laufen in zwei Teilen, einmal für klassische, einmal für moderne Motorräder. Damit sich die Fahrer bezüglich Geschwindigkeit und Handling der Maschinen gegenseitig besser einschätzen können, tragen die Newcomer orangefarbene, die Classic-Fahrer weiße Westen über dem Leder. Vor jedem Start muss das Motorrad die technische Kontrolle passieren. Diese Überprüfung wird von den Funktionären an der Einfahrt zur Rennstrecke vorgenommen. Nur wer den Check erfolgreich besteht, darf starten.
Die STOP Box-Regel (siehe Seite 24) ist für den MGP genauso ein Sicherheitsfaktor wie für die TT. Die Rennklasseneinteilung ist auch ähnlich, aber ohne Gespanne.

Rennwoche

	Rennklassen		Startnummern
Samstag			
Rennen 1	Senior Classic TT	4 Runden	Gelb
anschließend:	Lap of Honour (vor 1975)	1 Runde	
Rennen 2	Lightweight Classic TT	4 Runden	Grün
Montag			
Rennen 3	Junior Classic TT	4 Runden	Blau
Rennen 4	Superbike Classic TT	4 Runden	Orange
anschließend:	Lap of Honour (nach 1975)	1 Runde	
Rennen 5	Newcomers MGP	4 Runden	Rot
Mittwoch			
Rennen 6	Junior MGP	4 Runden	Schwarz
Rennen 7	Lightweight	4 Runden	Orange
Freitag			
Rennen 8	Senior MGP	4 Runden	Gelb

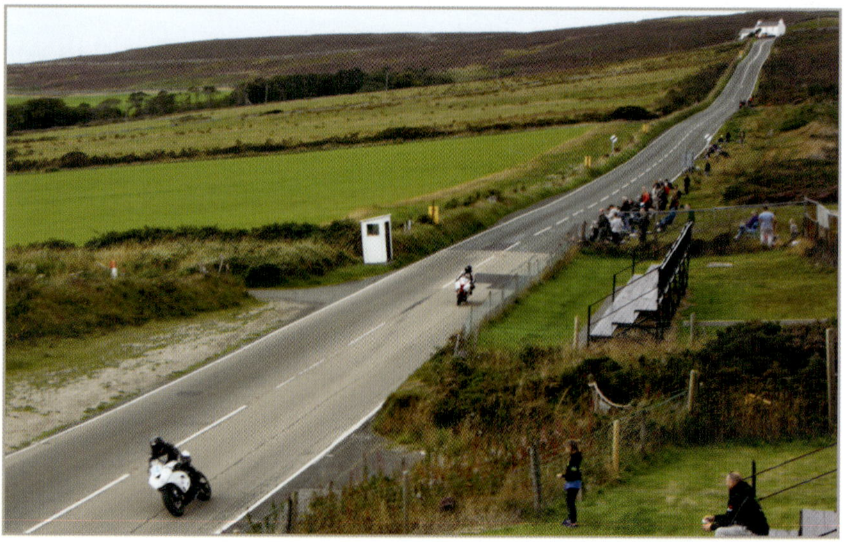

Von Kate's Cottage zu Creg-ny-Baa

Auch beim Manx Grand Prix kann ich empfehlen, ein Rennen am Grandstand auf den Start/Ziel-Tribünen zu verfolgen. Die Atmosphäre ist unvergleichlich, die Hektik in der Boxengasse überträgt sich auf die Zuschauer, ein hautnahes Erlebnis. Selbstverständlich gilt beim MGP ebenfalls das ab der Seite 23 Geschriebene zu den interessanten Streckenpunkten.

Zusätzliche Events während des MGP

Auch während des Manx Grand Prix laufen zusätzliche Veranstaltungen neben den eigentlichen Rennen. Wann und wo diese stattfinden, wird im offiziellen Programmheft veröffentlicht.

Der **Paddock Carnival** findet in der ersten Festivalwoche freitags im Fahrerlager statt.

Die **Classic TT Party** im Fahrerlager steigt in der ersten Festivalwoche samstags, die VIP-Bewirtung erfolgt durch die Crew des Londoner Ace Café.

Die Fahrer der **Classic TT Lap of Honour** umrunden in der zweiten Festivalwoche montags den Rennkurs.

Die **Manx Rally** läuft in der zweiten Festivalwoche dienstags um 11 Uhr in Tynwald mit drei Runden auf dem ursprünglichen TT-Kurs.

Der **Ramsey Classic Sprint** auf der Mooragh Promenade begeistert die Zuschauer donnerstags in der zweiten Festivalwoche.

Das **Drag Racing** im Jurby Motodrome lässt sich sonntags in der zweiten Festivalwoche genießen.

Two Day Trials finden jeweils an den Wochenenden statt.

www.iomfom.com

Erlebnistouren

Die Routenvorschläge gehen immer von Douglas aus, weil die Hauptstadt der Insel das unangefochtene Zentrum während TT und MGP ist. Sie sind als Tagestouren ausgelegt.

Sehenswürdigkeiten in Douglas

Bevor ich Sie nun quer über die Insel schicke, möchte ich nicht versäumen, Ihnen die Sehenswürdigkeiten in Douglas vorzustellen.

Direkt vor der Hafeneinfahrt liegt die **St Mary's Isle** (oder auch Conister Rock) mit dem **Tower of Refuge** (Zufluchtsturm). Er ist als Wahrzeichen schon von der Fähre aus zu sehen. Früher diente er in Seenot Geratenen als Zufluchtsort. Weil er so klein ist, heißt er unter Motorradfahrern auch „Mäuseturm". Nachts ist er bunt beleuchtet. Die Meinungen darüber gehen - wie immer bei Geschmacksfragen - auseinander. Für die einen ist es Kitsch, für die anderen einfach schön.

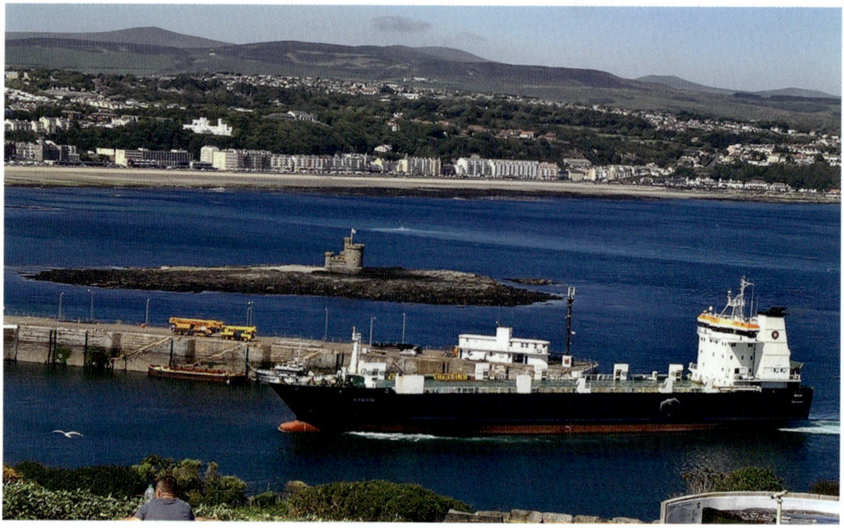

Douglas Hafeneinfahrt und Tower of Refuge

Kaum in Douglas angekommen, fällt einem sofort die **Horse Tram** auf. Was bei uns die Straßenbahnen sind, das handhaben die Manx People seit mehr als 100 Jahren mit echten Pferdestärken. Entlang der gesamten Promenade fahren die Wagen auf Schienen, von kräftigen Kaltblütern gezogen. Je nach Witterung kann man im offenen oder geschlossenen Holzwagen eine gemütliche Fahrt die Promenade entlang machen. Die Pferde werden ständig ausgetauscht und müssen auch nicht das ganze

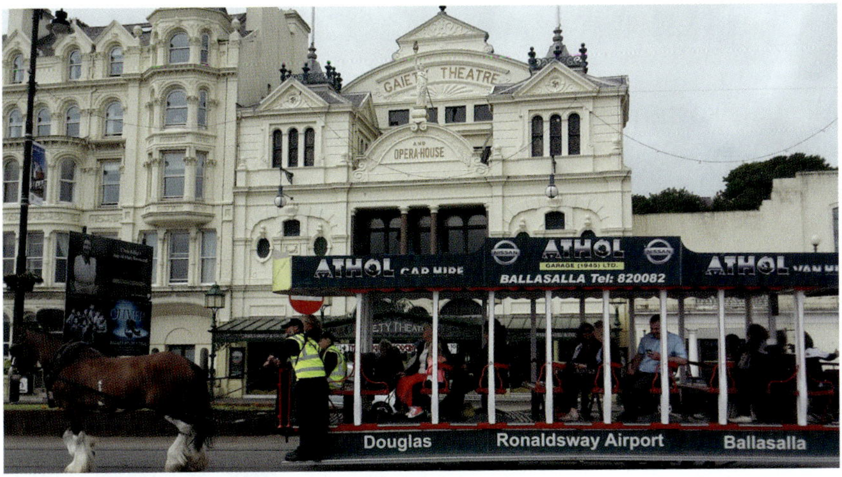

Horse Tram vor dem Gaiety Theatre

Jahr „Dienst schieben", sondern bekommen zwischen ihren Einsätzen einige Monate „Urlaub". Sehr gut finde ich, dass die ausgedienten Pferde nicht zum Schlachter wandern, sondern im **Home of Rest for Old Horses** (Pferde-Altersheim) ihren Lebensabend verbringen dürfen.
Dieses „Altersheim" in Richmond Hill (siehe auch Seite 67) kann an bestimmten Tagen besichtigt werden.

HAFENUMGEBUNG

Fährhafengebäude (Sea Terminal)

Wenn man als Europäer nach zwei Fährüberfahrten endlich Inselboden betritt, hat man verständlicherweise wenig Interesse, sich im Fährhafen umzuschauen. Erst einmal das Quartier beziehen und durchatmen. Doch egal ob Newcomer oder schon x-mal da gewesen, spätestens am nächsten Tag wird die Mission Inselerkundung gestartet. Vor allem Neuankömmlingen sei das **Sea Terminal** empfohlen, denn im dortigen **Isle of Man Welcome Centre** bekommt man einen guten Überblick über das, was die Insel an Sehenswürdigkeiten, Sportarten und ausgefallenen Dingen bietet.

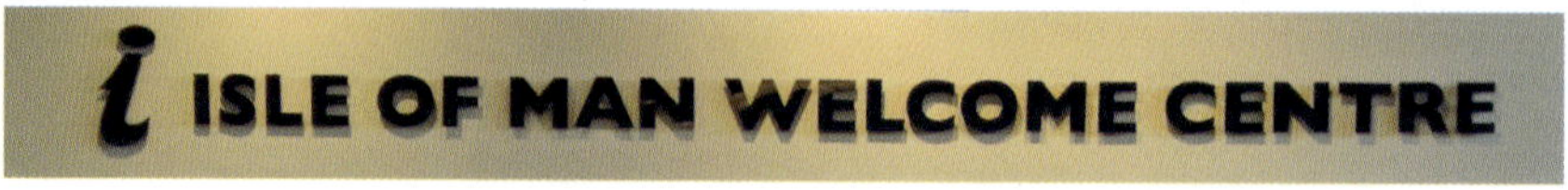

Mit den kostenlosen Prospekten hat man einiges an Informationen, ergänzend werden Bücher und inseltypische Souvenirs präsentiert.
Das Sea Terminal lädt mit einem Coffeeshop und einem Restaurant auch zum längeren Bleiben ein. Es ist ein ständiges Kommen und Gehen, vor allem, beim Einlauf von Fähren, es gibt immer Interessantes zu beobachten.
www.gov.im

Yachthafen (Marina)

Der **Yachthafen**, der sich an den Fährhafen anschließt, ist an schönen Tagen auch Flaniermeile. Nicht nur Touristen sitzen hier gerne in und vor den Pubs, Bistros oder Restaurants, auch die Manx genießen gerne ihre Freizeit mit Blick auf die Boote zwischen North und South Quay.
www.gov.im (Harbours)
www.gov.im/webcams/

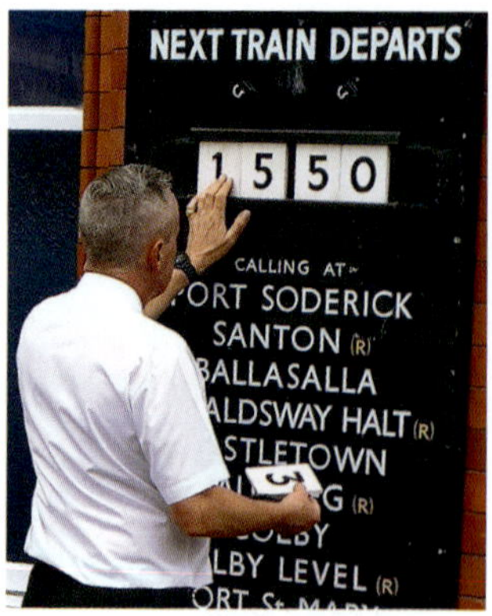

Railway Station Douglas

Der in der Vergangenheit schon sehr eindrucksvolle rote Backsteinbau in Douglas wird für 1 Million £ um- und ausgebaut. Es entsteht ein wintergartenähnlicher Anbau, das Restaurant **The Tickethall** wird neu kon-

zipiert, der Bahnhof selbst komplett modernisiert. Vielleicht bleibt die Tradition erhalten, die Zugzeiten an der Gebäudeaußenseite noch von Hand umzustellen, ein schönes Stück Nostalgie.
Im Restaurant The Tickethall werden kleine wie große Gerichte lecker serviert.
Railway Station, Bank Circus/Lake Road (Nähe Yachthafen).
www.ticket-hall.com

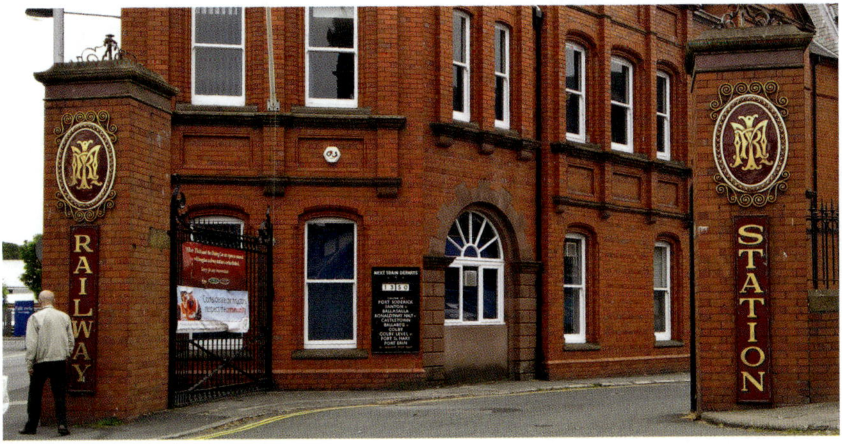

Railway Station Douglas

Manx Museum

Das **Manx Museum** ist in der Nähe der Fußgängerzone in der Kingswood Grove zu finden. Sehr bequem ist der Zugang über das Parkhaus neben dem Shoprite Supermarkt in der Market Street. Man nimmt einen der Aufzüge in den 8. Stock, geht zu Fuß noch ein Stockwerk höher und nutzt vom Parkdeck aus die blaue Fußgängerbrücke zum Museum. Damit spart man sich einen relativ steilen Auf-

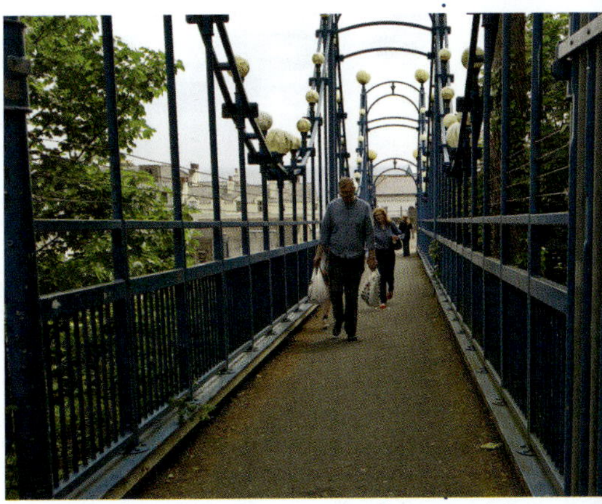

Brücke vom Supermarkt zum Museum

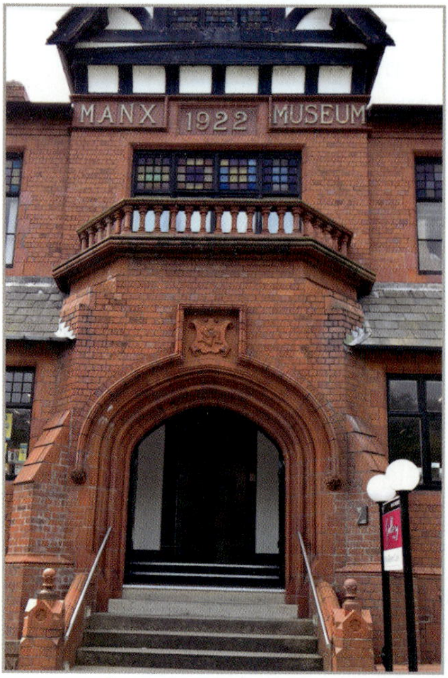

stieg über die Straßen. Zudem präsentiert sich Douglas von oben aus einer ganz anderen Perspektive. Neben Häusern, Kirchen und Hotels sieht man auch den Strand.

Motorisiert geht es von der Harris Promenade über die Church Road Marina, Finch Road zum Crellin's Hill und Kingswood Grove zum Museumseingang.

Die Besucher können mit einem 20-Minuten-Film über 10.000 Jahre Manx-Geschichte starten. Wer keine guten Englischkenntnisse hat und wenig verstehen würde, kann auch direkt mit dem Museumsrundgang beginnen.

Das Museum zeigt in unterschiedlichen Bereichen und einer umfangreichen Bildergalerie das Leben der Kelten und Wikinger einschließlich des Tynwald Parlaments. Die inseltypischen Tier- und Pflanzenarten und ihr Verbreitungsgebiet werden in der Natural History Gallery präsentiert. Aber auch Gegenstände und Bilder aus der Glanzzeit des Tourismus in der Viktorianischen Zeit sind zu sehen. Die TT-Legenden mit ihren Maschinen sowie die Geschichte der Tourist Trophy sind im Manx Museum ebenfalls dokumentiert.

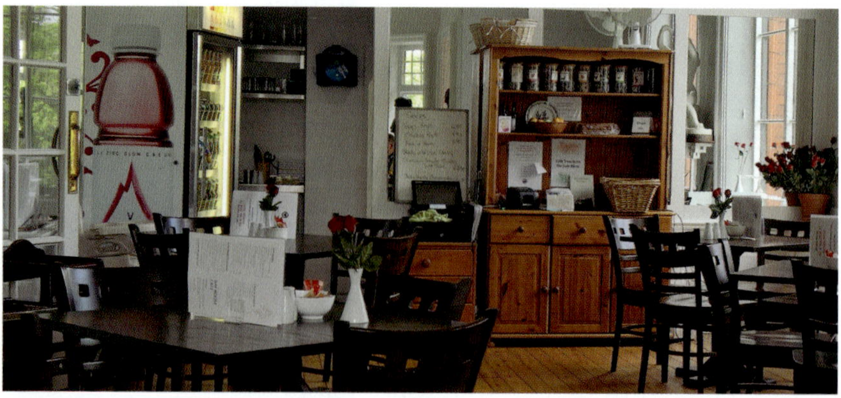

Bay Room Restaurant im Manx Museum

Im Heritage Shop kann man manches außergewöhnliche Souvenir kaufen oder im angrenzenden **Bay Room Café** eine Pause einlegen. Das Café ist auch separat zugänglich ohne Umweg durch das Museum. Es strahlt einen liebenswerten Charme aus. Wenigstens einmal sollte man dort ein Frühstück, einen Cream Tea oder Lunch zu sich nehmen.
Manx Museum, Kingswood Grove, Douglas
Geöffnet Mo - Sa 10 - 17 h. Eintritt frei
www.manxnationalheritage.im

FUSSGÄNGERZONE DOUGLAS

(Castle Street/Strand Street/Duke Street)
Auch wenn Sie nicht direkt in Douglas wohnen, bummeln Sie früher oder später durch die **Fußgängerzone**. Dort gibt es viel zu sehen. Vom Modeladen über Drogerie, Naturkost, Bäckerei, Metzgerei, Schnellrestaurant und Café bis zum Kaufhaus ist alles vorhanden. Während der TT sind viele Läden als Bikershops eingerichtet. Helm, T-Shirt, Bikerjacke, Motorradhose, Handschuhe oder Stiefel werden im TT-Look präsentiert. In den typischen Souvenirshops gibt es neben Kitsch auch brauchbare Mitbringsel, lassen Sie sich Zeit beim Stöbern.

Essen und Trinken in der Fußgängerzone

Das **Alessandro's Ristorante** ist in der Fußgängerzone in der Victoria Arcade im ersten Stock zu finden. Neben herrlichem Cappuccino wird eine gute mediterrane Küche geboten. Die Einrichtung ist sehr gemütlich im Bistrostil, die Portionen können sich sehen lassen und die Preise sind in Ordnung.
www.alessandrosiom.co.uk

The Tea Junction

Schöne Location, dunkle „englisch" gehaltene Einrichtung, neben Kaffee eine gute Auswahl an Tee und Kuchen sowie Suppen, Sandwiches, bis hin zu kompletten Mahlzeiten. Die „Junction" liegt gegenüber vom Alessandro's.
www.theteajunction.im

Harbour Lights Cafe & Restaurant
Auch das Harbour Lights ist typisch englisch eingerichtet. Hier gibt es ebenfalls über den Tag eine reichhaltige Auswahl an Gerichten wie Full English Breakfast, Buttermilch-Pfannkuchen, Quiche, Sandwiches, Fish & Chips oder auch am Nachmittag einen Cream Tea, ein Begriff für eine Kanne Tee, Scones, clotted Cream und Marmelade (s. a. „Essen & Trinken", Seite 145).
Harbour Lights gibt es auch in Peel, Port St. Mary und Ramsey
www.harbour-lights.com

Tower Buffet & Restaurant
Im Tower Restaurant im gleichnamigen Towercenter, ebenfalls in der Fußgängerzone, speist es sich gut auf hellen Holzmöbeln.
www.towerhouseiom.com

Eine zentrale Empfehlung in der Fußgängerzone war immer das Selbstbedienungsrestaurant im ersten Stock des **Strand Shopping Centre**. Leider musste das Cafe schließen, weil die Fläche anderweitig genutzt werden soll. Hoffentlich bleibt das „Strand" nicht dauerhaft ohne Restaurant. Es war eine gute Möglichkeit mitten im Shoppingtrubel zu relaxen - inklusive freiem WLAN.
www.thestrand.co.im

DOUGLAS PROMENADE

Die Promenade ist in vier Abschnitte eingeteilt. Die **Loch Promenade** beginnt im Bereich des Sea Terminal, geht dann über in die **Harris Promenade**, die **Central Promenade** und endet als **Queens Promenade** am Ende der Douglas Bay, ungefähr an der Endstation der Pferdebahn.
Im Bereich der Harris Promenade liegt das **Gaiety Theatre**, das Theater von Douglas, und die **Villa Marina**, bestehend aus drei Bereichen, Royal Hall (Konzerthalle), Broadway Cinema (Programmkino) und Dragon's Castle (Treffpunkt für Kinder). 1913 eröffnet, 2004 komplett restauriert, ist das weitläufige Anwesen heute ein beliebter Treffpunkt für Konzerte und andere Veranstaltungen. Auch die Preisverleihungen der TT-Sieger finden in

der Villa Marina statt. Der gepflegte Landschaftsgarten **Marina Colonaide Gardens** ist ein öffentlicher Park, Picknicks sind gestattet.

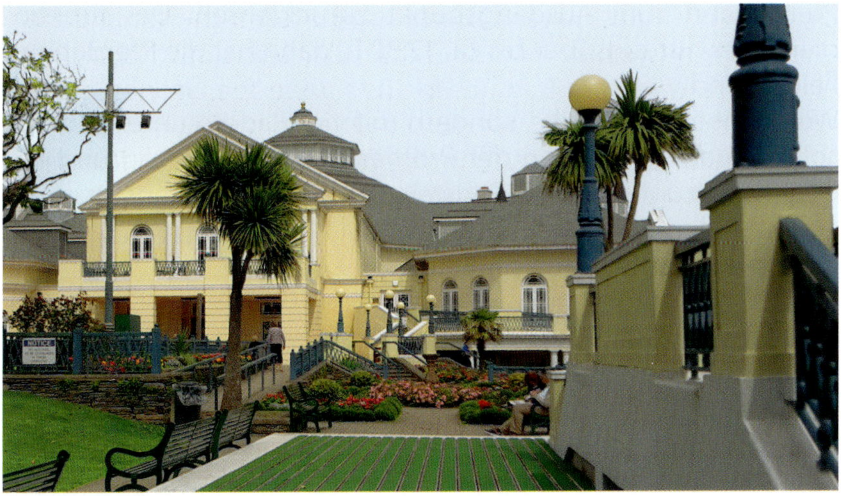

Villa Marina

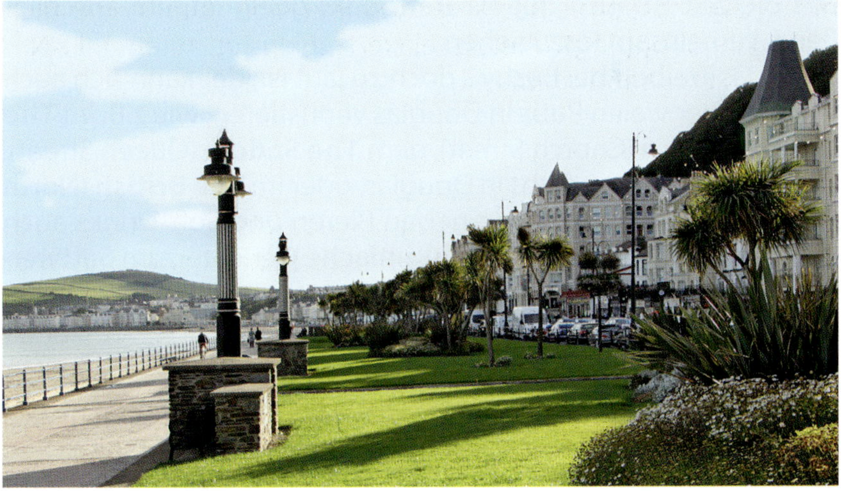

Douglas Promenade

Die knapp drei Kilometer lange Promenade kann man zu jeder Tageszeit entlang bummeln. Es tut sich immer etwas. Je näher

die Rennwoche rückt, umso mehr buntes Treiben an der „Seafront". Ein riesiger TT-Treff, es gibt immer wieder Neues zu entdecken. Wer nach einiger Zeit „fußmüde" wird, kann mit der Pferdebahn zum Ausgangspunkt zurückfahren. Das funktioniert aber nur tagsüber bis ca. 17:30 h, dann hat die Pferdebahn Feierabend.
Wer nicht mit dem Bike, sondern mit vier Rädern unterwegs ist, sollte darauf achten, an der Promenade leicht schräg und mit dem Fahrzeugheck zum Gehsteig hin zu parken. Sonst kann es einen Strafzettel geben.
www.gov.im/webcams/

Der angesagteste Treff an der Promenade, direkt am Sea Terminal, ist das **Bushy's Bierzelt**. Früher bekannt als Bushy's Bar (bzw. Pub) in der Victoria Street, ist **Bushy's TT Beertent** heute DER Treffpunkt für alle TT Besucher. Sich treffen, reden, Musik hören und miteinander Spaß haben. Ein riesiges Bierzelt gegenüber des alten Standorts, natürlich Bushy's Bier im Ausschank, mit Live-Bühne und **kostenlosem WLAN**.
Das Bierzelt ist auch gut als Treffpunkt geeignet, um anschließend gemeinsam loszuziehen.
Wem das Treiben bei Bushy's doch zu laut ist, der kann sich auch in einem der vielen Pubs in Douglas verlustieren, wie z.B. im **The Rovers Return** (Church Street), dem **The Saddle** (Queen Street), den beiden ältesten Pubs in Douglas, oder im **The British** (North Quay). Fast alle Pubs bieten neben Bieren und Soft-Drinks auch so genannte „Pub Lunches" an, einfache Gerichte zum Sattwerden. Dazu sehr oft **free WiFi.**
www.bushys.com

Die **Pizza Hut**-Kette hat sich in Douglas gegenüber dem Sea Terminal mit einem Restaurant angesiedelt (mit **free WiFi**).

Die **McDonald's** Location findet sich in der Peel Road (kurz vor Streckenpunkt Quarter Bridge) direkt neben der Feuerwehr. Wie in allen Mac-Restaurants **free WiFi**.

DOUGLAS HEAD - MARINE DRIVE

Ein echter Tourenvorschlag, aber oft noch ein Geheimtipp ist der **Marine Drive**, die Steilküstenstraße oberhalb des Hafens von Douglas. Auf Anhieb nicht ganz einfach zu finden, aber dann... Picken Sie sich für diesen Ausflug einen sonnigen Tag heraus, fahren Sie an den Hafengebäuden der Steam Packet vorbei in Richtung Yachthafen über die neue blaue Drehbrücke, im Kreisel danach rechts auf den South Quay und dann im nächsten Kreisel links in die Fort Anne Road/Douglas Head Road, eine ansteigende 90-Grad-Abbiegung, hoch zum **Douglas Head** (Aussichtspunkt über die Bay). Ab hier beginnt der Fahrspaß Marine Drive.

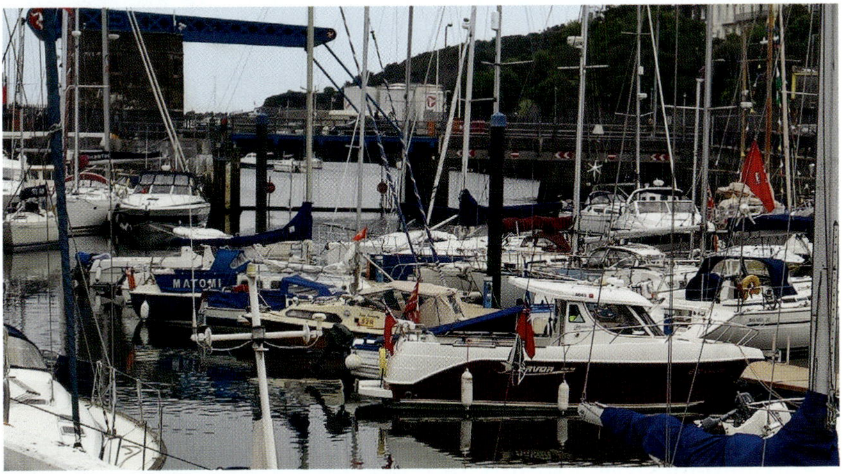

Yachthafen - im Hintergrund die Brücke Richtung Marine Drive

Rechts-Links-Kurven, wie es sie nicht alle Tage gibt, ein Panorama, das seinesgleichen sucht, Meerblick satt und meistens ganz wenig andere Ausflügler, Genuß pur! Eine Tatsache muss ich allerdings noch erwähnen: Der Marine Drive ist eine Sackgasse, die Straße endet nach knappen 4 Kilometern ziemlich plötzlich hinter einer Rechtskurve vor einem Absperrgitter. Ab da geht es nur noch für Wanderer oder Radfahrer Richtung Port Soderick weiter, da der Marine Drive im weiteren Verlauf an mehreren Stellen durch einen Erdrutsch wegbrach.

Als Wanderweg ist er aber weiterhin sicher. Wer also ein paar Stunden ohne Motorrad auskommt, dem sei diese Tour ans Herz gelegt (Tipp: Bequeme Schuhe und Verpflegung). Das Panorama ist atemberaubend, ein wirklich lohnender Ausflug. Von Douglas Head über den Marine Drive nach Port Soderick sind es ca. 8 km, vom Marine Drive ab der Straßensperrung nur ca. 4 km.

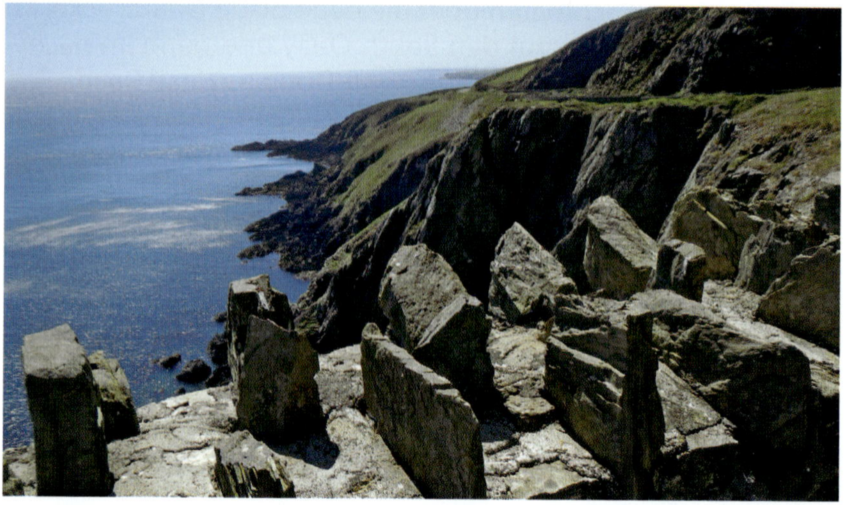

Eine traumhafte Aussicht

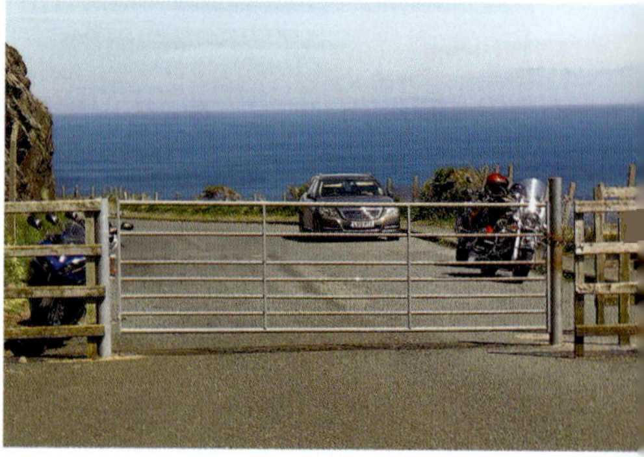

Hier ist Schluss...

Um 1900, in der Blütezeit des Tourismus auf der Insel, wurden die Urlauber mit einer Standseilbahn vom Hafen hinauf zum Douglas Head transportiert, nach Begleichen der Maut am Toll Gate (Mautstation) durfte man den Marine Drive mit der elektrischen Straßenbahn befahren, anschließend ging es mit der Standseilbahn in Port Soderick hinab zum Strand. So ließen sich die Höhenunterschiede leicht überwinden. Aber schon um 1930 herum wurden die Bahnen geschlossen. Wer auf dem Wanderweg genau hinschaut, entdeckt noch Reste der alten Pfeiler und Stützen.

STRASSEN-EINMALEINS

Bevor wir mit den Touren starten, eine Erläuterung zur **Beschilderung** und den **Straßennamen** auf der Insel. Traa Dy Liooar -Zeit genug- das könnte man bei diesem Thema als Schlagwort verwenden, denn - einheitlich ist nichts! Verlassen Sie sich nicht bedingungslos auf Beschilderungen, falls überhaupt vorhanden. Wie in anderen Ländern auch, haben die Straßen Nummern, Namen, teilweise sogar zwei Straßennamen, einen alten und einen neuen, beide werden im Sprachgebrauch verwendet.
Hinweise auf Abzweigungen, vor allem auf Einfahrten in schmale Straßen, sind oft nur sehr klein an Masten oder Zäunen angebracht. Daher hier der Hinweis auf eine gute Straßenkarte wie die Landranger Map. **Google Streetview** ist ebenfalls hilfreich.

Es gibt A, B, C und D-Straßen:

A-Straßen gelten als gut ausgebaute Hauptstraßen von einem größeren Ort in den nächsten.
Sie sind auf der Insel mit den Nummern A1, A2, A3 usw. gekennzeichnet und mit Straßennamen ergänzt, die von Ort zu Ort differieren. Die A5 von Douglas nach Port St. Mary heißt in Douglas A5/New Castletown Road, in Ballasalla A5/Douglas Road, in Castletown A5/Victoria Road, und wechselt im Verlauf noch öfter ihren Namen, bleibt aber immer die A5.
B-Straßen sind schmalere Straßen, meist unter 4 Meter Gesamtbreite. Auch B-Straßen können zusätzliche Straßennamen haben, wie zum Beispiel die B10/Brandywell Road oder die B23/ Port Soderick Glen Road.
C und D-Straßen gibt es seltener, diese sind meist nicht mit Nummern beschildert, haben aber Straßennamen, die das Navi im besten Fall finden sollte. Es gibt aber auch namenlose Straßen auf der Insel. C und D-Straßen sind oft die interessantesten.

Um die Routen übersichtlich zu gestalten, halte ich mich hauptsächlich an die Straßennummern. Diese werden bei Bedarf durch die Straßennamen ergänzt, um beispielsweise den Namen als **Zielpunkt in das Navi einzugeben**.

In den Süden - Spanish Head/Sound (ca. 60 km)

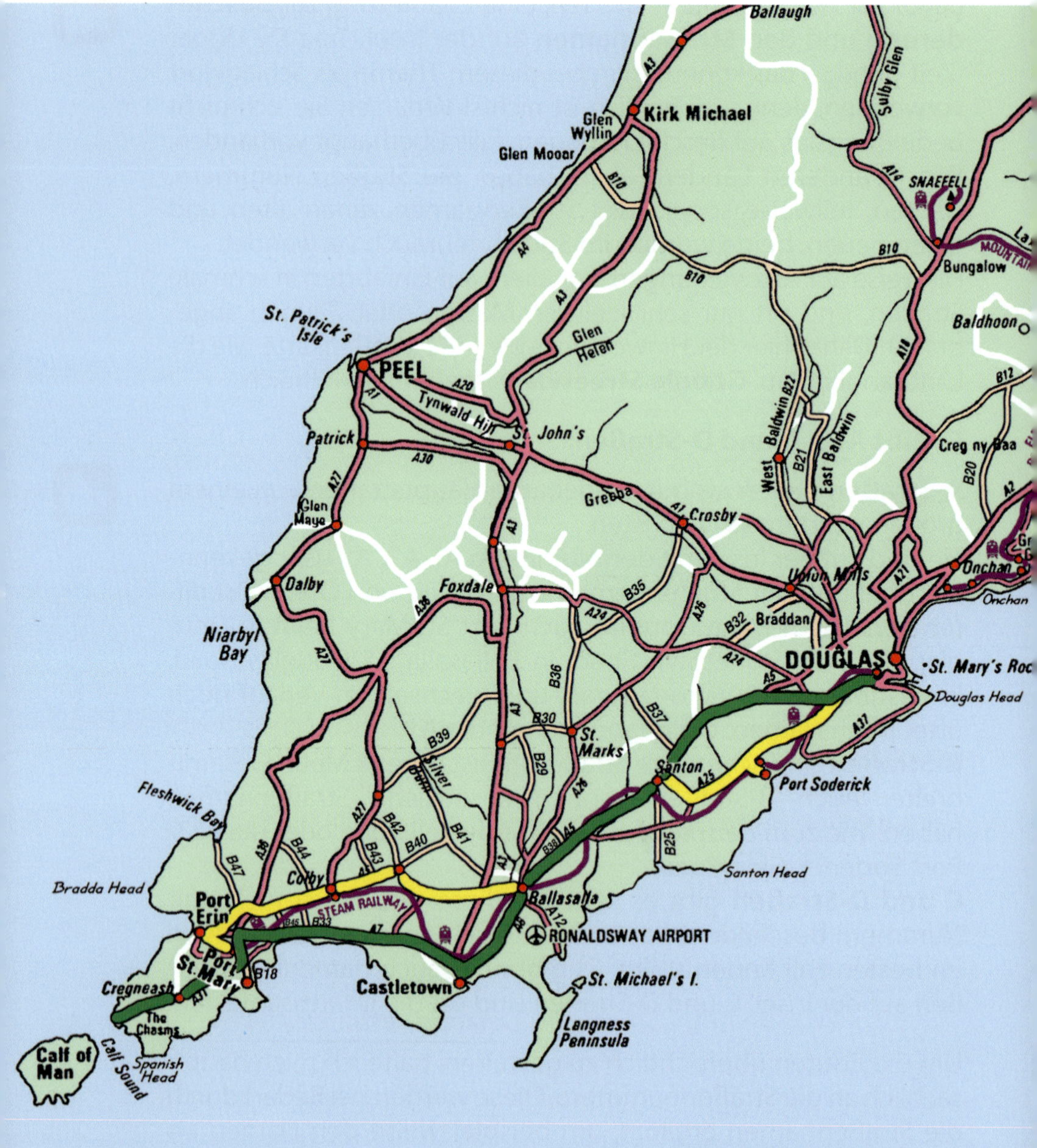

In den Süden

Douglas - A5 - Castletown - A31 - Cregneash - Sound

Auf der A5/New Castletown Road geht es von Douglas (Fahrtrichtung Castletown) aus nach Richmond Hill. Direkt an der Hauptstraße können Sie das **Home of Rest for Old Horses** besichtigen, in dem unter anderem die Tiere der Douglas Pferdebahn Urlaub und Lebensabend verbringen dürfen (siehe auch Seite 55). Neben den Pferden leben auch Esel dort.
Geöffnet Mo - Fr 10 - 16 h

Eintritt frei, Spenden willkommen
www.facebook.com/iomhorseshome/

Inzwischen in Santon, immer noch auf der A5, vorbei am **Mount Murray Golf Club** und der **Bushy's Brewery**, geht es weiter in Richtung Castletown.

www.mountmurraygolfclub.com

www.bushys.com

Der nächste Stopp ist ein Muss für Katzenfans, die **Mann Cat Sanctuary** auf der Main Road in Santon. Manx Katzen sind als eigene Rasse anerkannt, obwohl der fehlende Schwanz auf eine Genmutation (wahrscheinlich durch Inzucht) zurückgeführt wird.

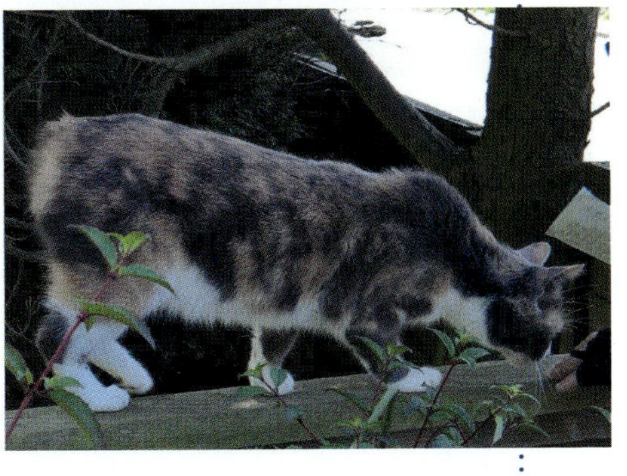

In der Sanctuary ist eine bunte Mischung von Katzen aller Rassen und Farben neben den Manx Katzen zu finden, sowie Hunde, Hasen, Enten und Pferde.

Geöffnet:
Sonntag u. Mittwoch von 14 - 17 h
Eintritt frei, Spenden willkommen
www.manncat.com

Etwa 1 km nach der Mann Cat Sanctuary liegt linksseitig in Santon **Murrays Motorcycles**, entstanden aus dem ehemaligen Museum in den Bergen am Bungalow.

Peter Murray hat hier aus dem Nichts in sehr kurzer Zeit ein Kleinod geschaffen, das einen ehrfürchtig staunen lässt. Mein erster Gedanke beim Betreten der Ausstellung ist immer „dieser Ort hat Seele". Er strahlt all das aus, was die TT über die Jahrzehnte war und heute ist. In liebevoller Kleinarbeit sind Dinge zusammengetragen, die zeigen, was die TT für die Manx, die Besucher und nicht zuletzt die Rennfahrer bedeutet. Alles hier ist authentisch, das ist das Beeindruckende an dieser wunderbaren Sammlung.

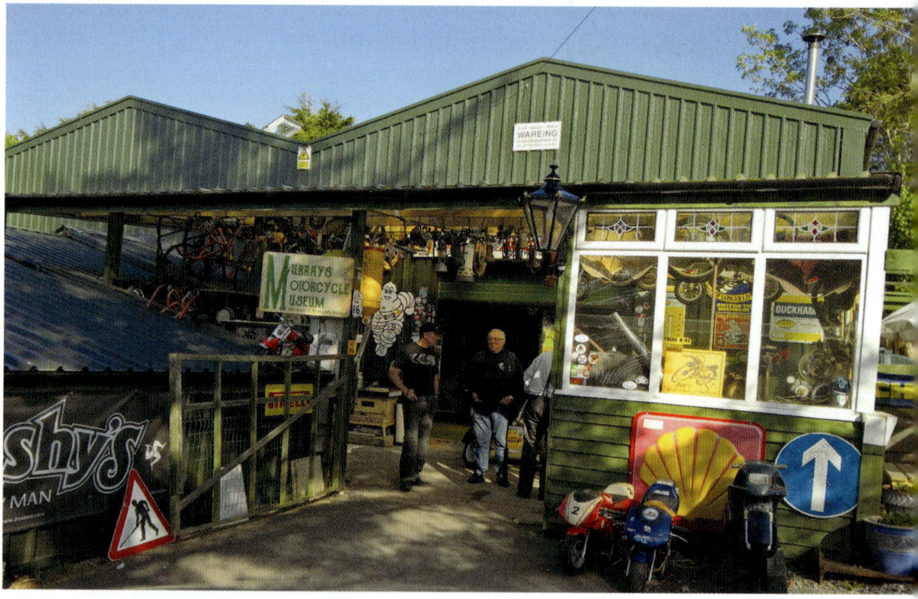

Wer sich darauf einlässt, wird diese einmalige Atmosphäre spüren. Nicht zuletzt ist es die herzliche Art von Peter Murray selbst, dass man sich auf Anhieb wohlfühlt. Immer wieder erzählt er Anekdoten und Geschichten rund um Fahrer und Maschinen, die man nur hier hört, denn sie sind nirgendwo festgehalten.

Hier gibt es eine Fülle von Dingen rund um das Motorrad, angefangen von klitzekleinen Ansteckern bis zu Rennkombis berühmter Fahrer, die bei der TT dabei waren, sowie eine riesige Sammlung von Motorrädern. Ich staune immer wieder, wie viele Dinge auf relativ kleinem Raum die Geschichte der TT widerspiegeln.

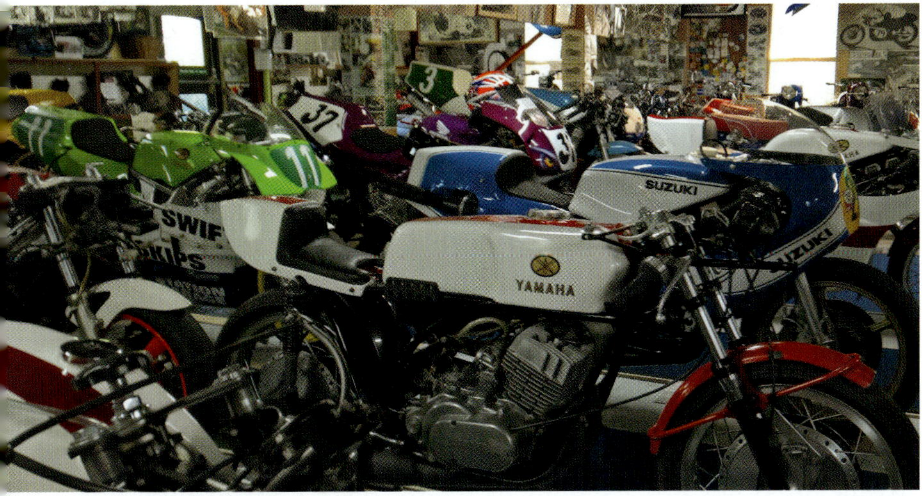

Nach der Rast bei Peter Murray heißt es bei der Weiterfahrt auf der A5 aufpassen. Nach knapp 2 km fährt man in einem Waldstück über die **Fairy Bridge**. Dort wohnen der Sage nach die **Little People**, die guten Geister der IOM. Damit sie nicht verärgert werden, muss jeder, der durch dieses Gebiet fährt, die Geister freundlich grüßen. In Manx Gaelic heißt das „Lay Mie Moonjie Veggey“ (Good day little people).

Die Motorradfahrer haben diese Sage etwas abgewandelt. Es

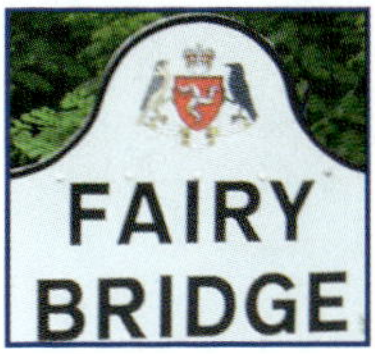

heißt, wer die Fee nicht grüßt, die dort wohnt, kommt nie mehr auf die Insel zurück. Passen Sie also auf, dass Sie das Schild „Fairy Bridge“ nicht übersehen und winken Sie fleißig, dann steht einer Wiederkehr nichts im Wege.

Der nächste Halt auf der A5 ist in **Ballasalla** an der **Rushen Abbey**. Das ehemalige Zisterzienser-Kloster wurde 1134 erbaut. Die Mönche bauten es zu einem bedeutenden kulturellen Zentrum auf der Insel aus. Heute gelten die Ruinen als historische Sehenswürdigkeit, das interaktive Museum verdeutlicht das.

Rushen Abbey und der reizvolle Garten sind über die Mill Road gut erreichbar. Von der Abbey aus kommt man auf geradem Fußweg zur **Monks' Bridge**, die im 14. Jahrhundert als Pferdebrücke erbaut wurde.
www.manxnationalheritage.im

Das **Rushen Abbey Restaurant** liegt in unmittelbarer Nähe zum Kloster und empfängt seine Gäste stilvoll, umgeben von vielem Grün. Erreichbar über die Mill Road - mit Durchfahren der Silverburn Furt.
www.theabbey.im

Die **Furt in Ballasalla** durch den Silverburn River bedeutet viel Spaß für Biker. Details dazu unter **Spritz-Touren** auf Seite 114 und **Glen-Touren** auf Seite 119.

Immer noch auf der A5 geht es weiter nach **Castletown**. Vor dem eigentlichen Stadtkern streift man den Flughafen der Insel, den **Ronaldsway Airport**, und das **King William's College**, das aus mehreren historischen Gebäuden besteht.

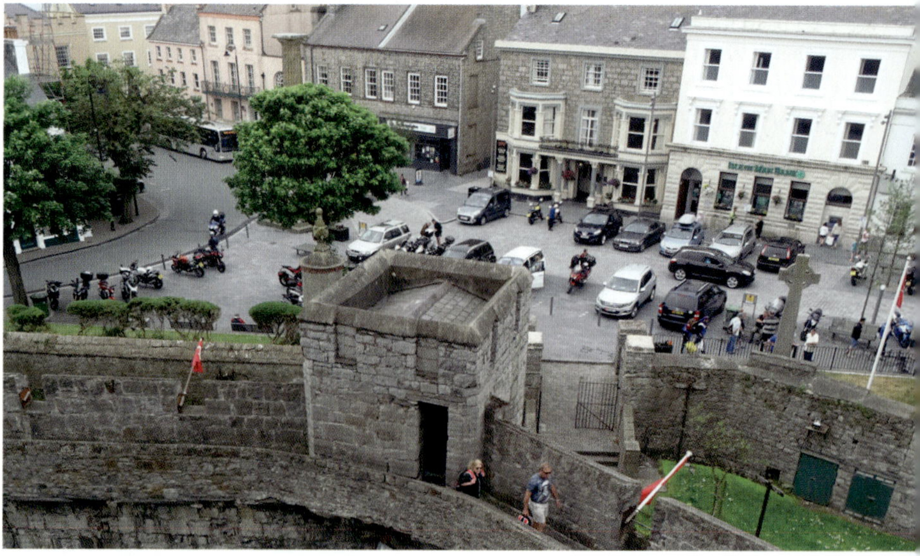

Castle Rushen mit Marktplatz

Castle Rushen, das imposanteste Bauwerk in Castletown, liegt in der Ortsmitte (Castle Street) und ist nicht zu übersehen. Diese Trutzburg wurde zur Verteidigung gebaut, weil Castletown viele Jahrhunderte die Hauptstadt der Insel war. Vorher stand hier eine Wikingerburg, die 1313 zerstört wurde.
Geöffnet täglich 10 - 17 h
www.manxnationalheritage.im

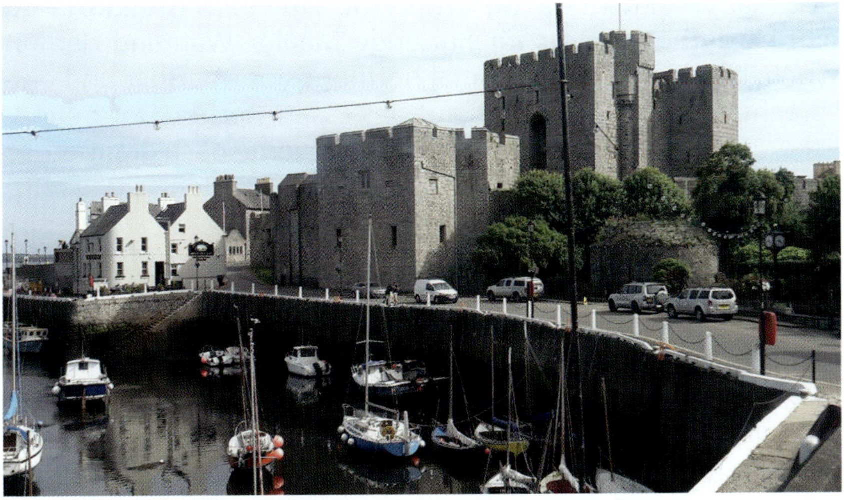

Castletown Hafen

Gegenüber des Castle Rushen Eingangs in der Parliament Lane findet sich das **Old House of Keys**. Von 1821 bis 1874 tagte hier das „Lower House of Tynwald", ein Teil des Inselparlaments. Dann wurde der Sitz nach Douglas verlegt. Im Jahr 2000 wurde das Gebäude nach alten Vorlagen von 1866 renoviert und dient heute als Museum. Es zeigt einen guten Überblick über die Politik der Isle of Man.
Geöffnet täglich 10 - 16 h
www.manxnationalheritage.im

Der malerische Hafen mit dem Brauereigebäude bietet sich immer für ein Foto an. In der Nähe des Hafens in der Bridge Street findet man das kleine **Nautical Museum** mit dem Klipper Peggy, dem Prunkstück der Ausstellung. Die **Peggy** wurde 1791

gebaut, lagerte dann fast 150 Jahre unentdeckt in einem Keller, nachdem der Hafenzugang zugemauert wurde. 1935 wurde das Schmugglerboot bei Arbeiten zufällig gefunden. Nun ist es wieder für die Öffentlichkeit zugänglich.
Geöffnet täglich 10 - 16 h
www.manxnationalheritage.im

Direkt am Hafen im **Castle Arms Hotel** mit dem **Glue Pot Pub** gibt es deftige Snacks für hungrige Mäuler. Während der TT-Wochen ist der Pub manchmal hoffnungslos überfüllt und entsprechend lange muss man auf das Essen warten. Der freundliche Wirt bringt das Bestellte aber auch gerne nach draußen, so dass einem Picknick am Hafen nichts im Wege steht.
www.facebook.com/gluepot

So gestärkt ist es Zeit, sich die **Langness Halbinsel** anzusehen. Von der Promenade in Castletown über die A12/Derbyhaven Road zur Fort Island Road, die in den nördlichen Teil von Langness führt, geht es mitten durch den Castletown Golf Club. Ein öffentlicher Weg durch zwei bespielbare Rasenflächen - nichts ist unmöglich auf der Isle of Man. Nach dem Golf Club führt ein schmaler Pfad über einen Damm zu **St. Michael's Island**, auch Fort Island, da hier die Ruine des Derby Fort, einer Festung aus dem 17. Jahrhundert, zu besichtigen ist. Die Langness Road, die in den Süden der Halbinsel führt, bringt uns zur Ruine **St. Michael's Chapel**, einer Kapelle aus dem 12. Jahrhundert. Die südliche Straße führt auch zu einem Anwesen mit Leuchtturm, das in Privatbesitz ist. Gäste sind nicht unbedingt erwünscht, Schilder machen das unmissverständlich deutlich.
Danach geht es auf gleichem Weg wieder zurück Richtung Castletown und auf der A5 weiter nach **Port St. Mary**, einem malerischen Fischerdorf mit einem sehr sicheren, von den Gezeiten unabhängigen Hafen. Das wird durch die Vielzahl von Yachten und Booten während der Sommersaison eindrucksvoll belegt. Weitere Sportmöglichkeiten in Port St. Mary sind Tauchen oder Golfen auf einem 9-Loch-Kurs. Die Stadt ist auch ideal für Familienurlaub, etwas abseits des Trubels, manchmal

an einen Kurort erinnernd. Es lohnt, einen Abstecher zur Strandpromenade zu machen, etwas zu bummeln, einen Cream Tea oder Cappuccino zu genießen.

Von Port St. Mary führt die A31 zur Südspitze der Insel. Auf halbem Weg dorthin (Howe Road) liegt das **Freilichtmuseum Cregneash**, das Sie unbedingt besichtigen sollten. Dort lebt das „alte Manx“ weiter. Es wird unter anderem gezeigt, wie die Häuser vor über 100 Jahren aussahen und wie mit dem Spinnrad Wolle zu Fäden verarbeitet wurde.

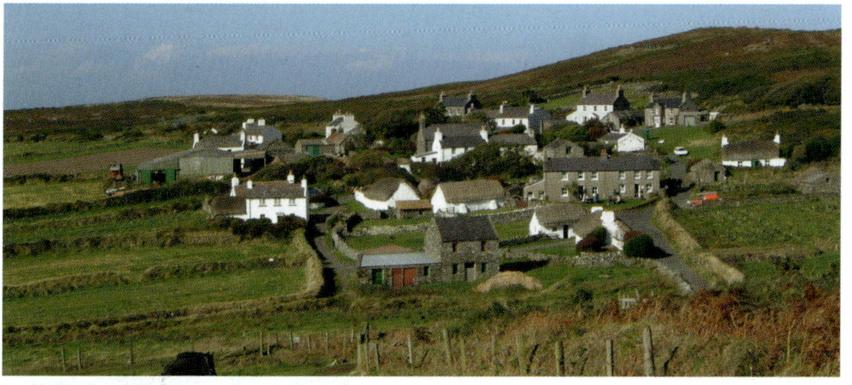

Freilichtmuseum Cregneash

Die Attraktion dort ist jedoch die **Loaghtan-Schafrasse,** bei der die Böcke vier Hörner haben, zwei in einem Bogen nach oben und zwei als Umrahmung des Kopfes nach unten. Diese Rasse gab es früher überall auf der Insel, mittlerweile wurden widerstandsfähigere Rassen gezüchtet und nur an wenigen Stellen, darunter Cregneash, können die Vier-Hörner-Schafe (Schreibweise auch: „Loghtan“) noch bewundert werden. Ein etwas respektloses Zitat, original vor Ort gehört: „Guck mal, der braucht Begrenzungsfähnchen für die Hörner …“

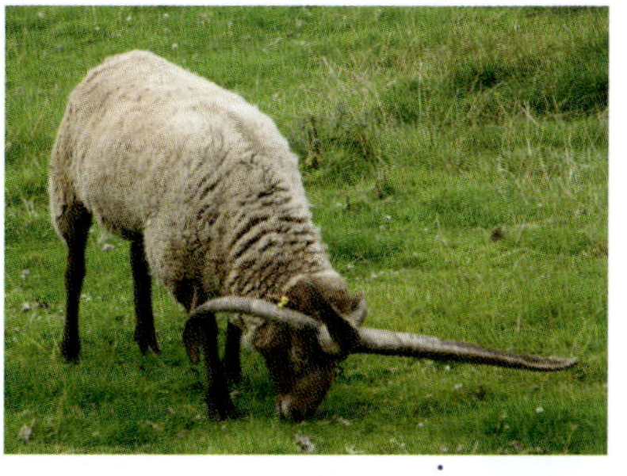

Einkehren kann man im **Cregneash Tea Room** auf dem Museumsgelände, in dem viele „home-made“ Spezialitäten angeboten werden. Besonders zu empfehlen ist der selbstgebackene Karamelkuchen.

Geöffnet täglich 10 - 17 h
www.manxnationalheritage.im

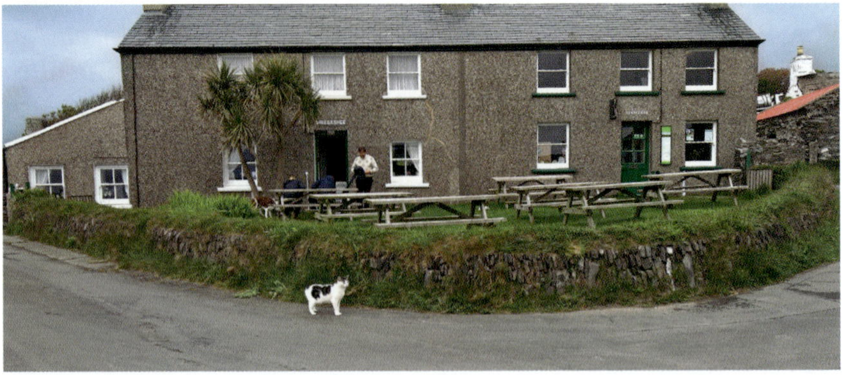

Cregneash-Tearoom mit Manx Katze

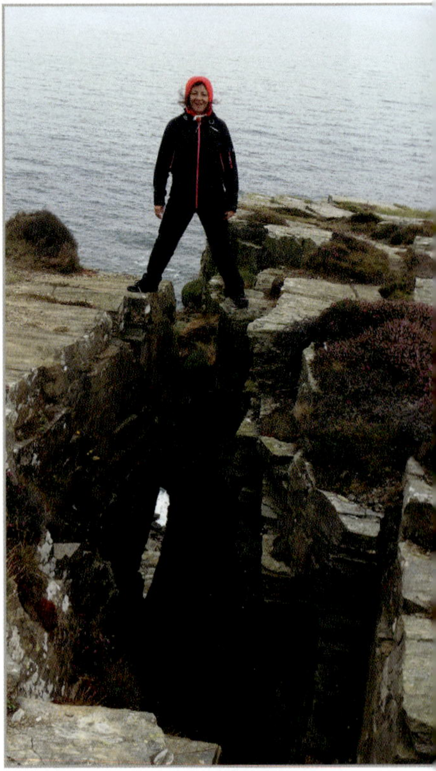

The Chasms

Vom Freilichtmuseum Cregneash aus führt eine kleine namenlose Straße einen Hügel hinauf bis zu einem Parkplatz, von wo aus es per pedes einen Fußweg entlang geht bis zu **The Chasms** (Die Spalten).

Es eröffnet sich ein atemberaubender Blick über das Meer. Am faszinierendsten sind jedoch die tiefen Felsspalten am Klippenrand, die 100 Meter und mehr senkrecht in die Tiefe gehen. Vor dieser traumhaften Landschaft steht ein einzelner Felsen im Meer, der als **Sugarloaf** (Zuckerhut) bekannt ist, weil er genau diese Form hat.

Von Cregneash sind die letzten paar Meilen auf der A31 zum südlichsten Inselpunkt schnell geschafft. Die Südspitze nennt sich **Spanish Head**. Angeblich soll ein spanisches Schiff dort gesunken sein, aber die Manx glauben selber nicht so recht daran. Dieses Fleckchen Erde ist einfach himmlisch und die Fahrt dahin erst recht. Ich wünsche jedem Leser strahlenden Sonnenschein, wenn er das erste Mal in den Süden fährt.

Auch bei nicht so gutem Wetter kann man gemütlich Rast machen. Das **Sound Centre** mit dem **Sound Cafè** ist ein Glasrundbau unter der Leitung der Manx National Heritage. Die leicht getönten Scheiben verfremden das Wetter etwas, schützen aber das Innere des Gebäudes vor zuviel Hitze und dem manchmal heftigen Wind. Durch die Glasscheiben schaut man über den **Sound**. So wird die Meerenge zwischen der Südspitze der Isle of Man und der vorgelagerten, unter Naturschutz stehenden **Calf of Man** genannt. Die kleine Insel dient vielen Vogelarten und Schafen als Heimat.

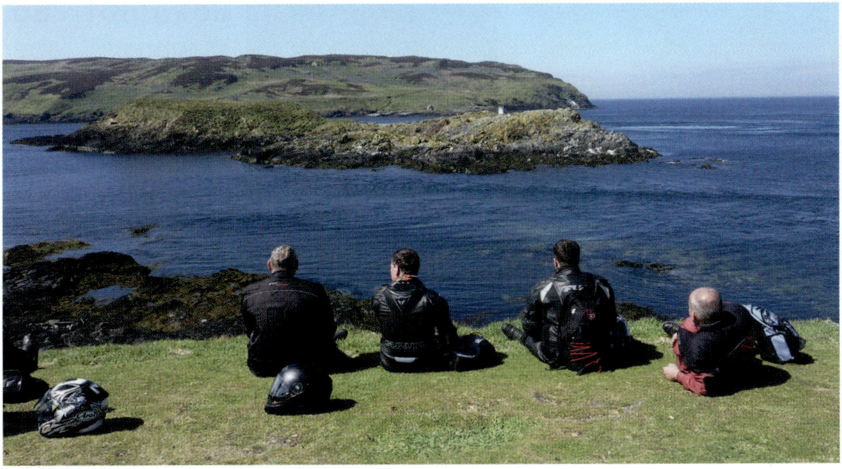

Sound - Blick zur Calf of Man

Wer sich diese Idylle näher anschauen möchte, kann in den Sommermonaten mit **Shona Boat Trips** von Port Erin aus die Calf of Man per Boot erreichen. Der Service wird nur nach Absprache angeboten, einen regulären Fahrplan gibt es nicht (Mobiltelefon 07624-322765 oder 480682).

Nach der Pause am Sound ist es Zeit für die Rückfahrt. Wer noch nicht genug vom Süden hat, kann alternativ vom Spanish Head über die A31 / A29 / A5 noch einen Abstecher nach **Port Erin** machen und dann über die A32 und A7 Richtung Ballasalla zurückfahren.

Port Erin ist ein Fischerdorf, geschützt durch den Gebirgszug **Bradda Head** mit dem **Milner's Tower**, der eindrucksvoll über die Bucht ragt und errichtet wurde „zum Andenken an William Milner für seine vielen Wohltätigkeiten und Unterstützung der Fischer". Milner war ein Safe-Fabrikant aus Liverpool, deshalb stellt die ungewöhnliche Form des Turms einen Schlüssel dar. Die Anfahrt erfolgt über die A32/Bradda Road / Bradda Lane.

Das **Railway Museum** in Port Erin liegt an der Endstation der Isle of Man Steam Railway in der Station Road. Das Museum zeigt eine Auswahl an Lokomotiven, Wagons, aber auch Plakate, Fahrkarten und andere Dinge rund um Dampfeisenbahnen.

www.gov.im

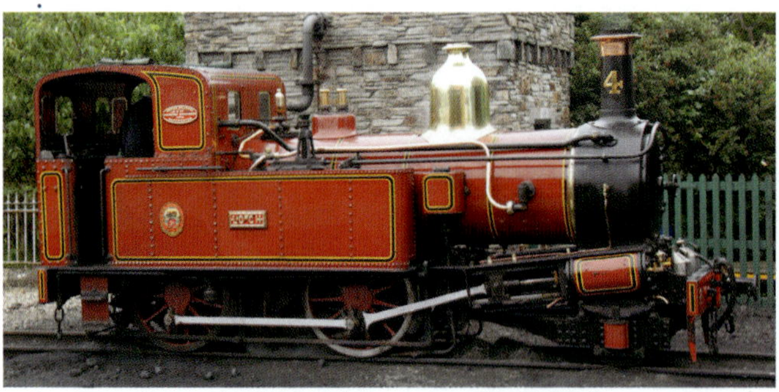

Exponat Railway Museum Port Erin

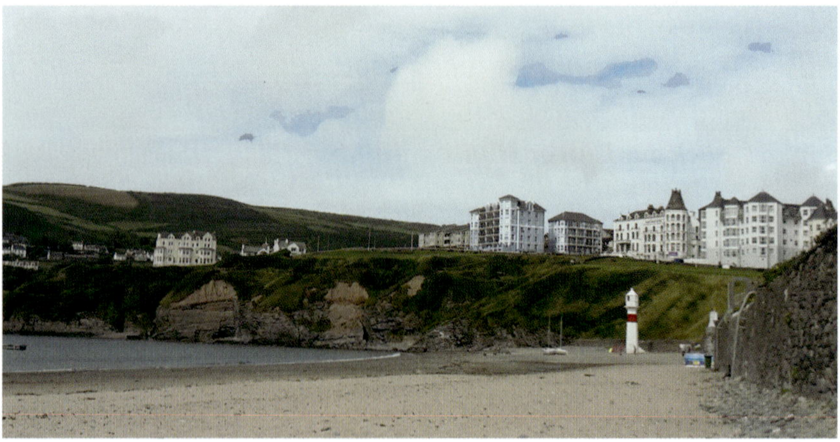

Strand Port Erin

Das **Cosy Nook Café** in der Shore Road liegt direkt am Strand. Es bietet eine gute Auswahl an Speisen.
www.facebook.com/Cosynookisleofman
www.gov.im/webcams/

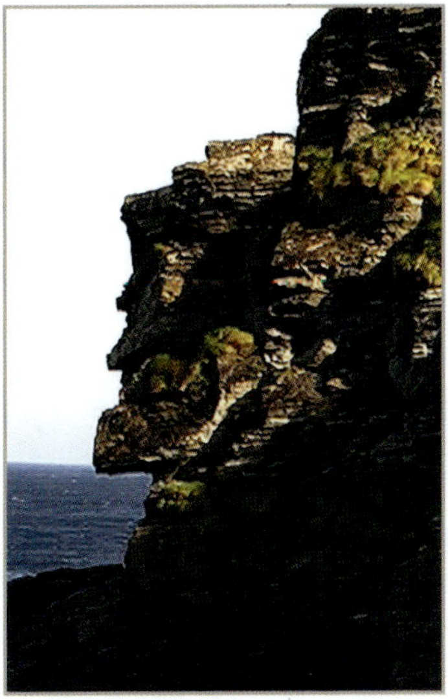
Das steinerne Gesicht

Die Rückfahrt nach Douglas kann über **Colby** auf der A7 Richtung Ballasalla erfolgen oder auch über die A5 in Richtung Castletown auf der gleichen Strecke bis Ballasalla zurück. Damit es nicht langweilig wird, empfehle ich, einige Kilometer nach Ballasalla den Umweg über **Port Soderick** zu nehmen. Leider ist dieser Abzweig auf der A5 nicht beschildert. Als Anhaltspunkt nimmt man das Hinweisschild nach Orrisdale. Wenn dieses zu sehen ist, bitte Geschwindigkeit wegnehmen, denn wenige Meter weiter, genau auf einer kleinen Brücke über die Eisenbahnschienen, geht es rechts ab auf die A25/ Old Castletown Road. Nach einiger Zeit informiert ein Schild über die Abzweigung rechts nach Port Soderick. Die B23/Port Soderick Glen Road führt durch den gleichnamigen Glen und endet anschließend fast am Meer. Vom Parkplatz aus sind es nur einige Schritte zum ehemaligen Strandbad. Dieses hatte seine Blütezeit im Viktorianischen Zeitalter, heute sieht es trostlos aus. Aber ein **Felsen mit einem steinernen Gesicht** ist durchaus eine Attraktion. Das Beste kommt aber noch. Allerdings muss man aufpassen, dass man nicht auf der B23/Port Soderick Glen Road zurückfährt, sondern - trotz Sackgassenschild - in die Straße rechts einbiegt. Das ist der **Marine Drive** (bekannt aus Douglas, siehe Seite 63), der sich auch hier als Küstenstraße mit einem phantastischen Ausblick auf das Meer präsentiert. Ein Ort zum Durchatmen - mit wunderschönen Fotomotiven.
Vom Marine Drive geht es auf gleichem Weg zurück bis zum Abzweig zur B23/Port Soderick Glen Road, von dort rechts in die A25/Old Castletown Road, die kurz vor Douglas in die A6 mündet und uns zum Ausgangspunkt der Tour zurückbringt.

In den Westen - Peel
(ca. 50 km)

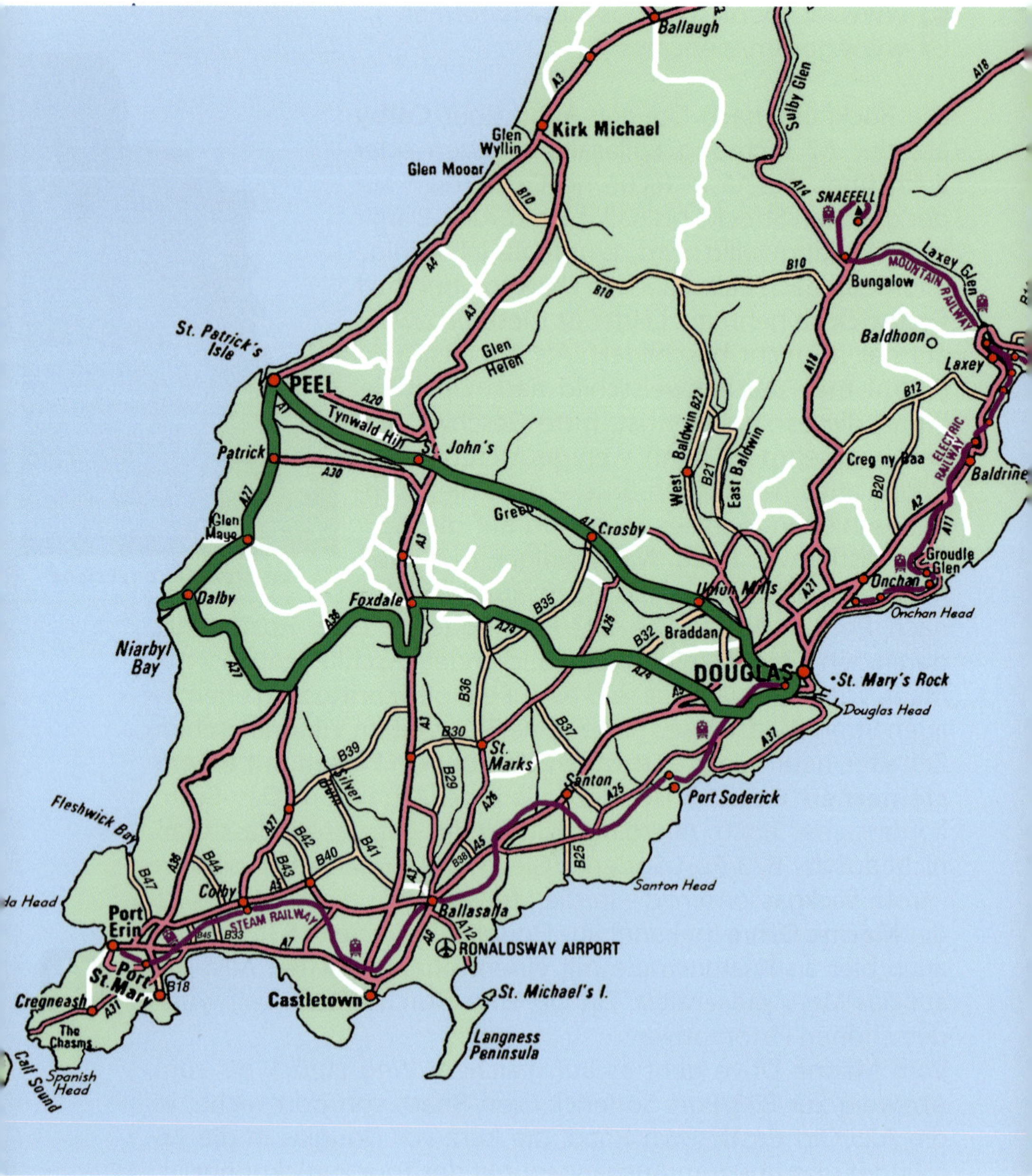

In den Westen

Douglas - A1 - Union Mills - St. John's - Peel

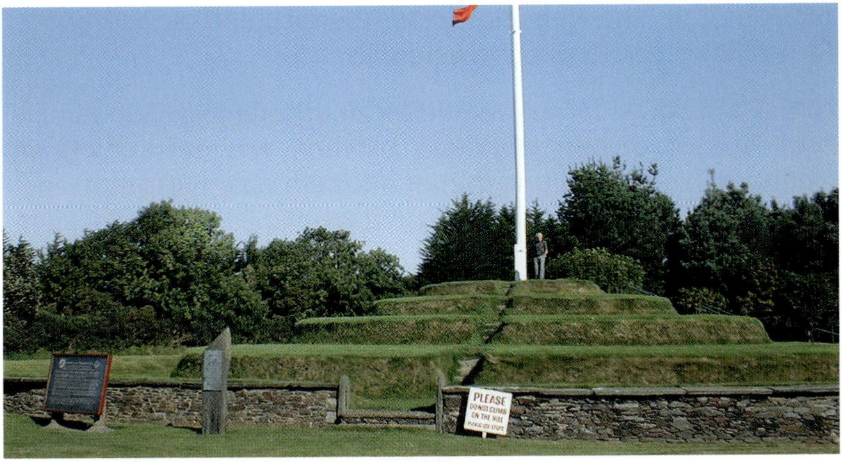

Tynwald Hill

Viele Wege führen nach **Peel**, alle sind sie schön. Auf der A1 geht es über **Union Mills** und **Crosby** nach **St. John's**. Hier sollten Sie den **Tynwald Hill** besuchen, wo jährlich durch die **Members of the House of Keys** am 5. Juli dem Beginn der Verfassung gedacht wird (siehe auch Geschichte der Insel, Seite 10).

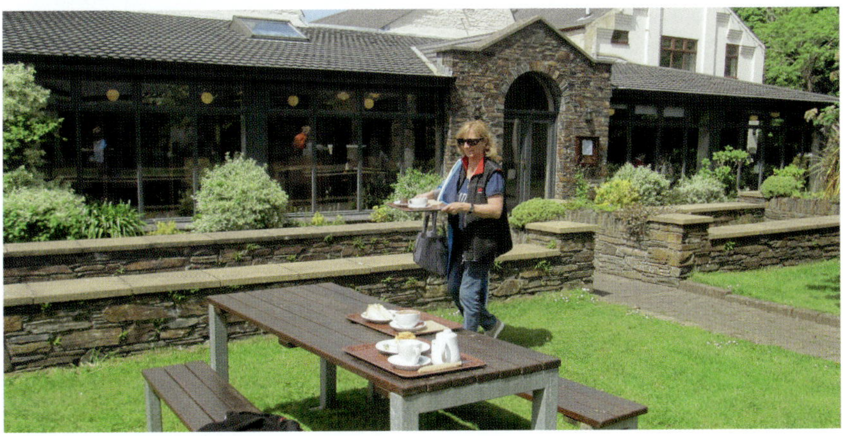

Tynwald Mills Craft Centre

Sehr versteckt, direkt links am Tynwald Hill vorbei (Glen Mooar Road, am Hinweisschild rechts) liegt hinten im Wald das Einkaufszentrum **Tynwald Mills**. Neben ungefähr 20 Geschäften (Textilien, Bücher, Süßwaren, Kunstgewerbe) finden sich hier auch das Cafè **The Neb**, ein Picknickbereich und ein Spielplatz.
www.facebook.com/Tynwaldmills

Zurück auf der A1 fahren wir weiter zu unserem vorläufigen Ziel **Peel**. Das Städtchen wirkt ein bißchen wie ein Kurort, mit schönem Sandstrand und immer auch ein paar hartgesottenen Badegästen, die sogar ab und zu in das um diese Zeit noch ziemlich kalte Meer hüpfen.

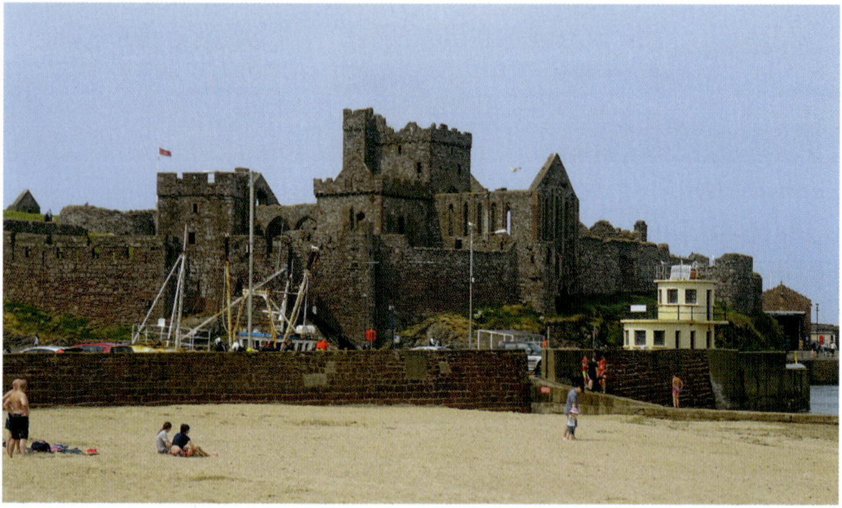

Peel Castle

Von der Promenade aus fällt der Blick auf die Ruine **St. Patrick's Isle**, die aus drei Teilen besteht: **Peel Castle, Cathedral of St. German, Church of St. Patrick**. Die Kirche ist im 11. Jahrhundert entstanden, der dazugehörige Turm ist noch älter.
Mit etwas Glück können Sie nicht nur das Castle, sondern auch Robben im Hafenbecken sehen, die sich vergnügt tummeln.
Geöffnet täglich 10 - 17 h.
www.manxnationalheritage.im

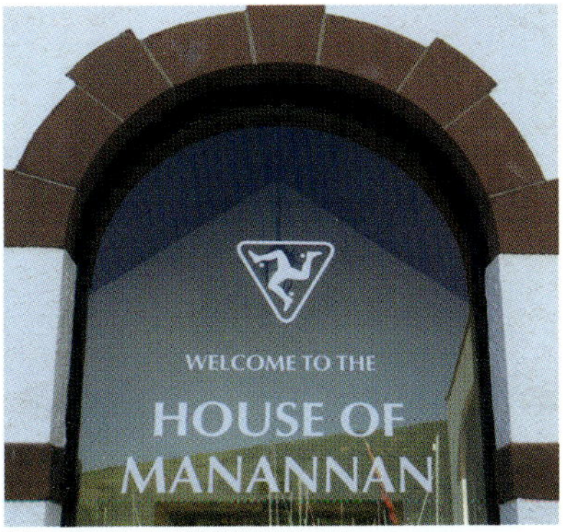

Seit 1997 gibt es ein außergewöhnliches **Museum** in Peel zu besichtigen, das **House of Manannan**. Das frühere Museum „Odin's Raven" wurde für 9 Mio. Euro umgebaut. Es entstand ein Supermuseum mit Computeranimation und phantasievollen Multimediaeffekten. Schon der Eingangsbereich ist einen Extrablick wert. Der Strick, an dem die Seeleute augenscheinlich von außerhalb des Gebäudes ziehen, geht durch die Glasscheibe ins Innere des Museums, direkt zu **Odin's Raven**, dem Wikingerschiff, das anhand historischer Überlieferungen in Norwegen nachgebaut wurde. 1979 machte sich Odin's Raven dann von dort aus auf den Seeweg zur Isle of Man, um zu beweisen, dass die Wikinger im 9. Jahrhundert auf diese Weise zur IOM gekommen sind. In Peel hat dieses Schiff seinen Hafen gefunden.

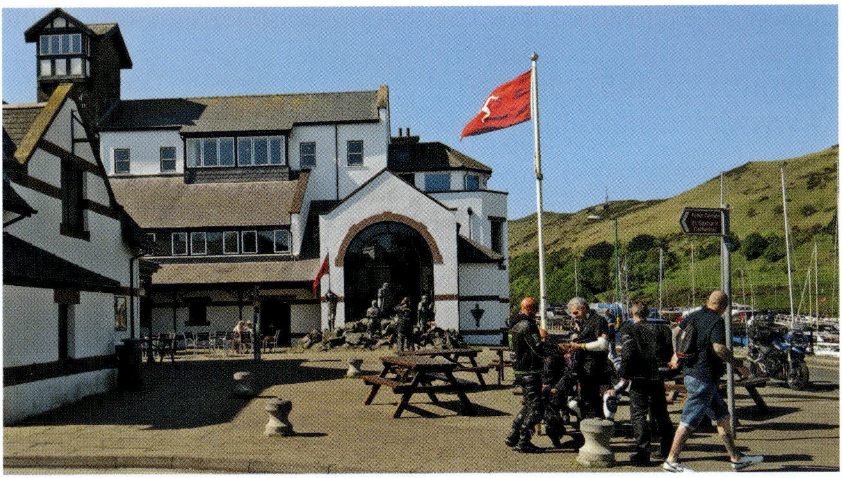

Museum House of Manannan

Das Museum ist in verschiedene Bereiche unterteilt. Schwerpunkte sind unter anderem das Leben der Kelten und Wikinger auf der Insel, der Einfluss des Christentums oder auch die

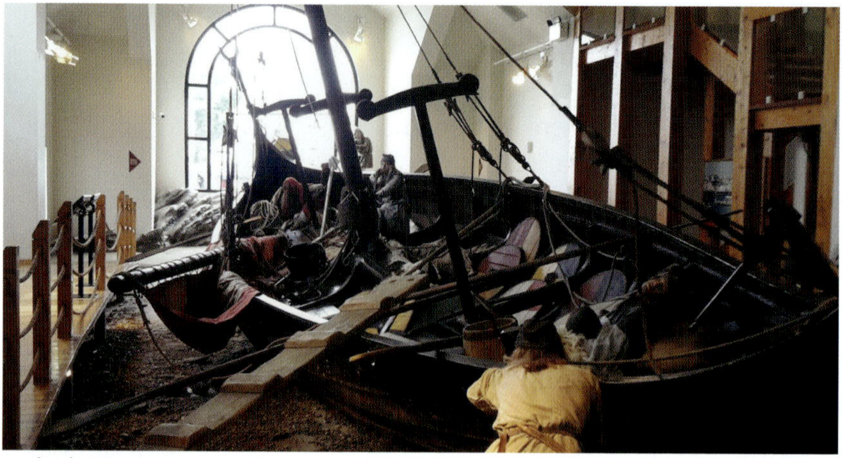

Odin's Raven

Geschichte der Mönche von Rushen Abbey. Andere Bereiche zeigen typische Hafenszenen um die Jahrhundertwende und geben Einblicke in die Historie von Peel Castle wie auch der Peel Kipper (Fisch)Industrie. Die Geschichte der Isle of Man Steam Packet ist ebenfalls dokumentiert. Ein Besuch dieses Museums ist sehr zu empfehlen, zwei Stunden Zeit sollten Sie dafür einplanen.

Geöffnet täglich 10.00 - 17.00 h

www.manxnationalheritage.im

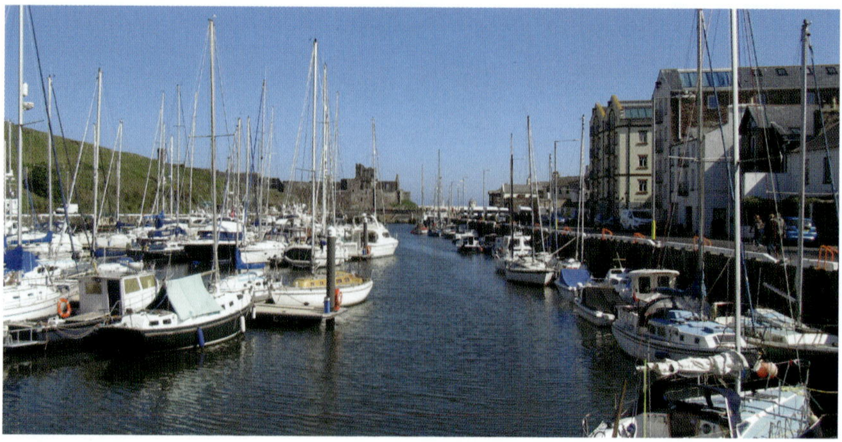

Hafen Peel

Ganz in der Nähe des Museums an der Promenade findet man einige Pubs, darunter auch das **Creek Inn**, die zur Rast einladen. Vor allem bei schönem Wetter lässt sich von hier der Ausblick auf Sandstrand, Meer und Peel Castle geniessen.

www.gov.im/webcams/

Die Rückfahrt sollten Sie über die A27, Glen Maye/Foxdale-Route nehmen, es lohnt sich.

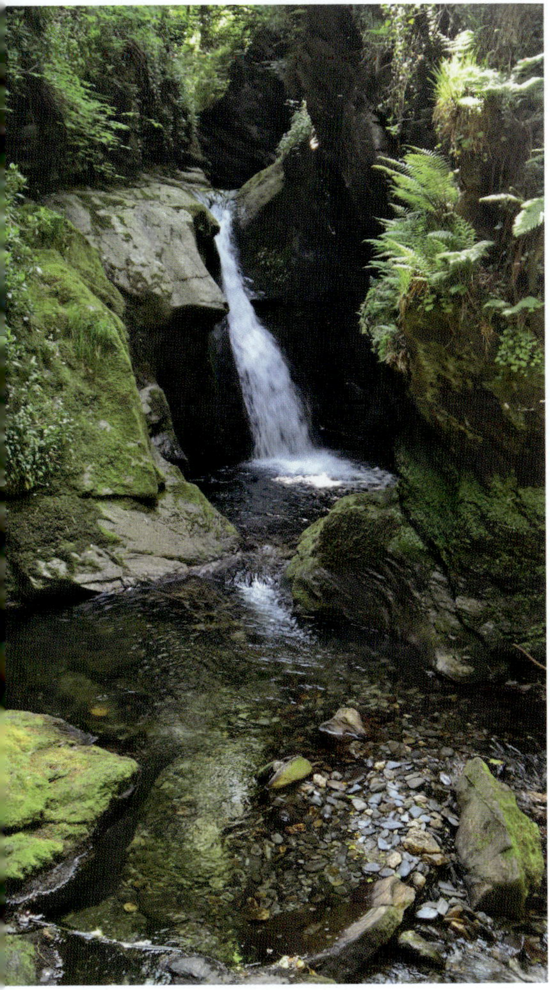

Wasserfall Glen Maye

In **Glen Maye** (Parkplatz an der Shore Road) ist es Pflicht, den Wasserfall zu besichtigen - egal bei welchem Wetter. Der Glen (Schlucht) ist wie ein Dschungel, es ist alles grün überwuchert und es herrscht eine sehr hohe Luftfeuchtigkeit. Hier kann man tolle Landschaftsbilder knipsen.

Die Wanderung vom Glen zur Küste in etwa 1,5 Kilometern sparen wir uns, dazu braucht es leichte Kleidung und andere Schuhe als Bikerstiefel.

Nachdem das eingefleischten TT-Fans sicher bekannte Waterfall Hotel leider geschlossen ist, gibt es keine Möglichkeit zur Einkehr mehr. Das ist schade, aber auch an unserem nächsten Etappenziel lässt sich wunderbar eine Pause einlegen.

Von Glen Maye geht es über die A27 weiter in Richtung **Dalby**. Dort sollten Sie auf keinen Fall die Abzweigung zur **Niarbyl Bay** (Niarbyl Road) verpassen. Diese Bucht muss man gesehen haben. Wieder ein traumhaftes Plätzchen zum Relaxen oder zum Picknick. Hier sind oft Robben zu beobachten, die sich auf den

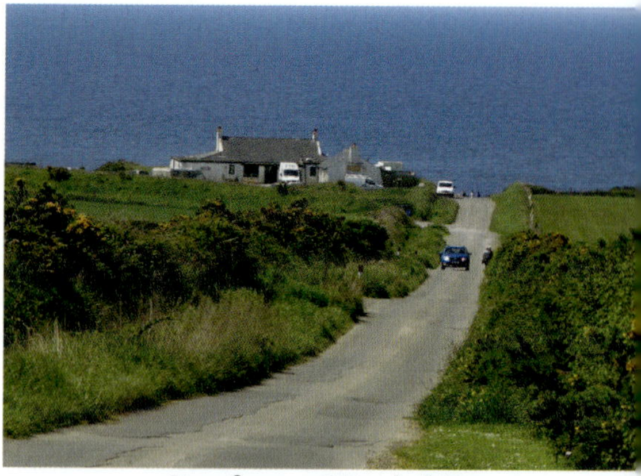

Straße zur Niarbyl Bay

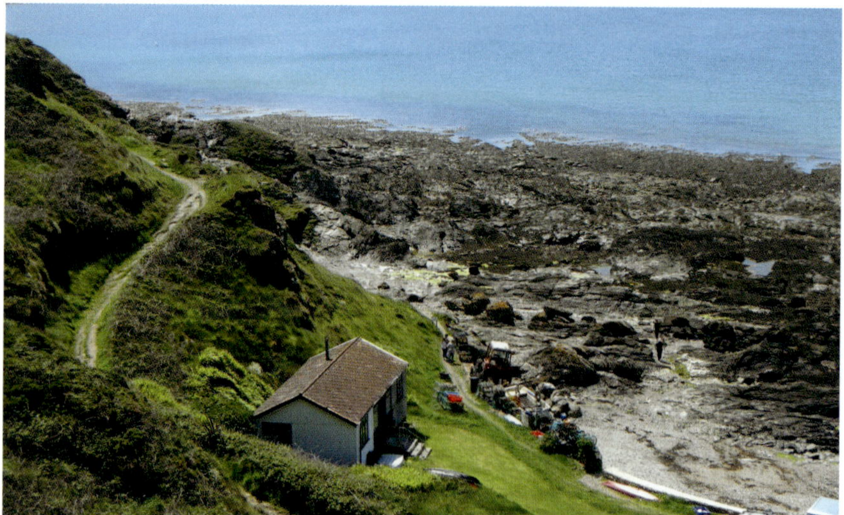

Niarbyl Bay

Felsvorsprüngen im Meer sonnen. Auch die Filmindustrie weiß die malerische Bucht zu schätzen. Hier wurden viele Szenen zum Film **Lang lebe Ned Devine** (Waking Ned) gedreht.

Für alle, die nicht auf ein Picknick eingestellt sind, bietet das **Niarbyl Cafe & Visitors Centre** auch Leckereien aus der Küche bzw. aus dem **Chip Van** (Imbisswagen) im Garten an.
www.manxnationalheritage.im

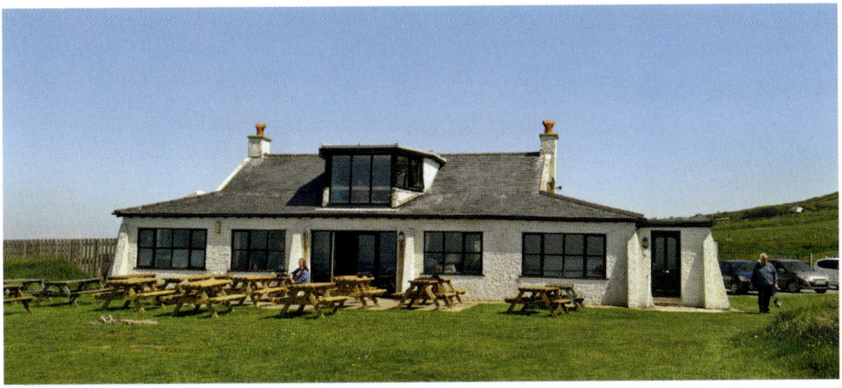

Niarbyl Café & Visitors Centre

Zurück auf der A27 fahren wir nun über die A36 und A3 bis **Foxdale**, von dort auf die A24. Hier kommt man nicht nur an idyllischen kleinen Seen vorbei, auch die Sträßchen sind traumhaft schön zu fahren.

Mit Hilfe einer detaillierten Straßenkarte wie der Landranger Map oder auch Google Maps kann man sich hier die verschiedensten Möglichkeiten heraus suchen, um wieder nach Douglas zu kommen, z.B. immer die A24 entlang oder in Eairy auf die B36 (Tosaby Road), dann links auf die B35 (Garth Road) und wieder zurück bis zur A24. Es gibt jede Menge Variationen. Genießen Sie es.

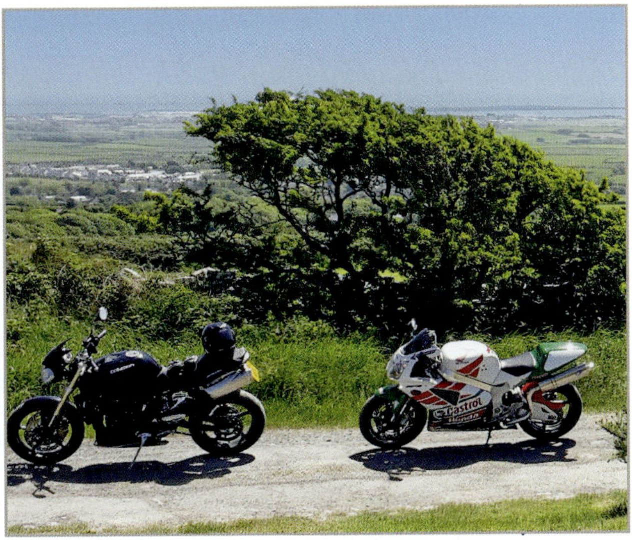

Auf der A24 gibt es wieder eine Gelegenheit, sich zu stärken. Die **Ard Cherkyll Tearooms** in **East Foxdale**. Trotz der Bezeichnung Tearoom, ist das Ard Cherkyll ein Restaurant, das verschiedene Menues in guter Qualität und schönem Ambiente anbietet.

In den Norden - Point of Ayre (ca. 95 km)

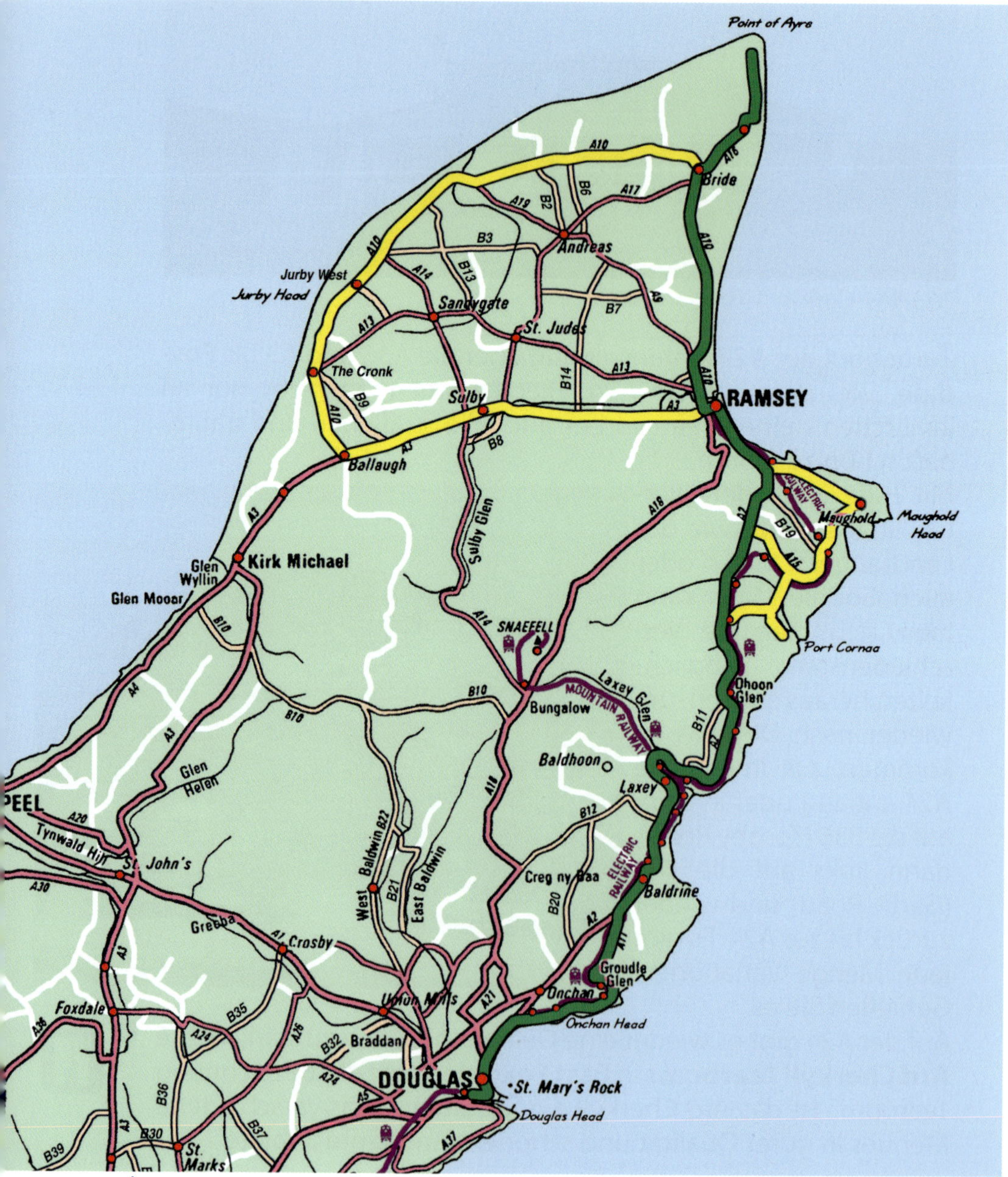

In den Norden

Douglas - A11/A2 - Laxey - Ramsey - A10 - A16 - Point of Ayre

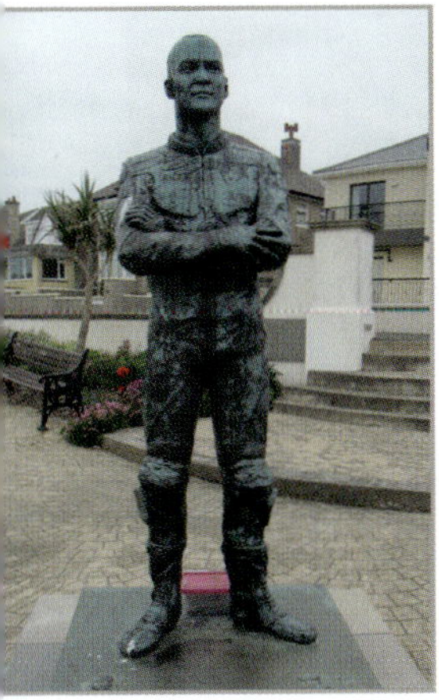

teve Hislop Memorial

Ich kann mich immer nicht entscheiden, welches die schönste Strecke auf der Insel ist, aber die nördliche Route ist eine der schönsten. Von Douglas geht es über die Promenade den Berg hinauf Richtung **Onchan Head**.

Am **Port Jack** kann schon der erste Fototermin stattfinden, Meer und Panorama satt. Wer zufällig gerade hungrig ist, der findet hier am Ortsende von Douglas in einer scharfen Rechtskurve eine der besten Fish and Chips Buden auf der Insel, **Port Jack Chippy**.

Bevor es gestärkt auf der Küstenstraße weiter den Berg hinauf Richtung Onchan geht, lohnt ein kurzer Abstecher in die Straße hinter dem Port Jack Chippy, der Imperial Terrace. Nach 200 Metern sehen wir links mit Blick über die Bucht das **Steve Hislop Memorial**. Steve „Hizzy" Hislop ist ein TT Hero, der elfmal einen Sieg nach Hause fuhr. 1989 war er der erste Fahrer, der den Kurs mit einer Durchschnittsgeschwindigkeit von 120 mph umrundete. Leider kam er 2003 bei einem Hubschrauberabsturz ums Leben.

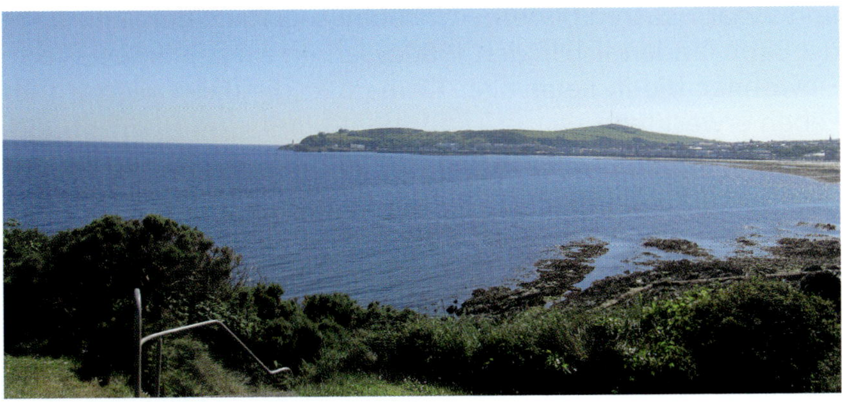

Onchan Head - Blick auf Douglas Bay

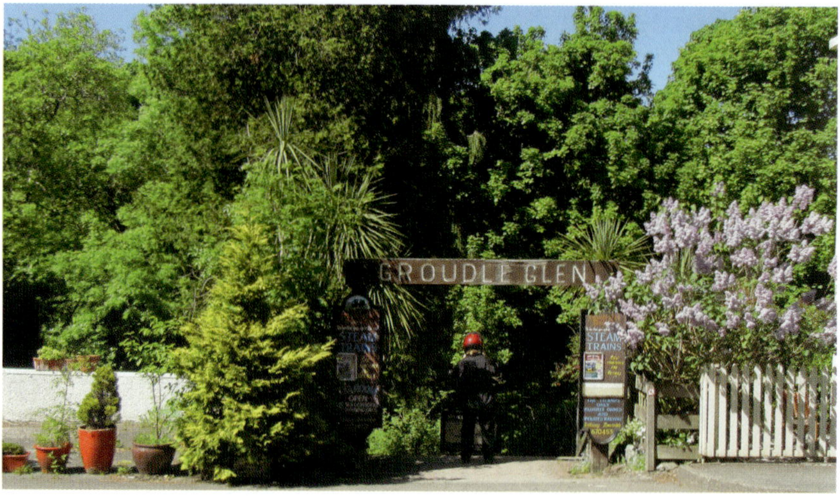

Eingang Groudle Glen

Von Port Jack aus geht es auf der King Edward Road weiter. Kurz hinter Onchan ist dann schon Zeit für den nächsten Halt am **Groudle Glen** mit der **Groudle Glen Railway**.

Diese mit viel Liebe restaurierte **Dampfeisenbahn** fährt leider nicht täglich, informieren Sie sich rechtzeitig (meist sonntags geöffnet). Die Fahrt mit der blankpolierten **Sea Lion** geht von Groudle Glen einige hundert Meter hoch zu den Klippen. Die kleine Bahn wurde 1896 in Betrieb genommen, um Besucher zu einem Zoo zu bringen, der direkt in die Felswände integriert war und sogar Eisbären beherbergt haben soll. Nach der Stilllegung der Bahn fanden sich in den 1980er Jahren ein paar interessierte Einwohner, die in liebevoller Kleinarbeit die Bahn wieder zum Leben erweckten.

Am Endhaltepunkt lässt sich in den **Sea Lion Rocks Tea Rooms** direkt an den Klippen wunderbar windgeschützt die Aussicht genießen. Hier können auch wieder Meer- und Panorama-Bilder gemacht werden.

www.ggr.org.uk (Tea Rooms nur geöffnet bei Bahnbetrieb)

Von Groudle Glen aus fahren wir die King Edward Road weiter bis zur A2 und auf dieser zum Wasserrad nach **Laxey**, wieder

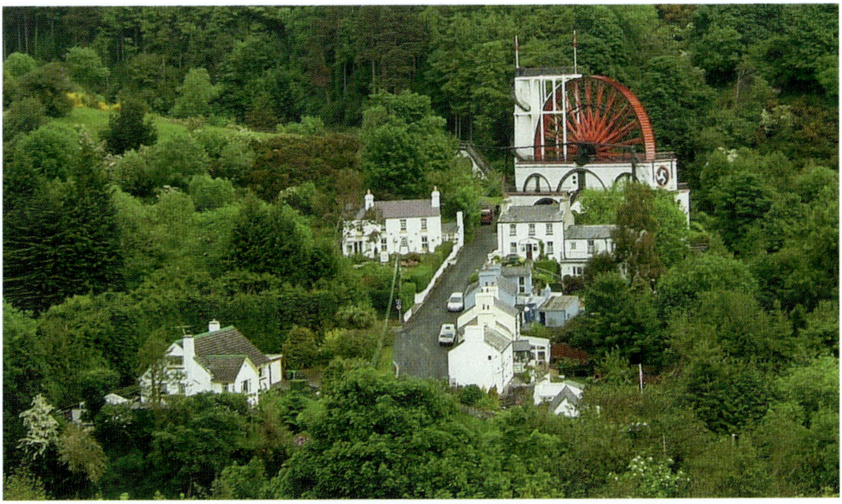

Lady Isabella - Blick aus der Snaefell Mountain Railway

auf wunderschönen Motorrad-Straßen. Schon von der Hauptstraße aus sieht man das **Laxey Wheel Lady Isabella**, das größte Wasserrad der Welt (ø 22 m), das 1854 entstand.

In Laxey, in einer scharfen Rechtskurve, biegen wir links über die Schienen der Eisenbahn von der A2 in die Mines Road ab und fahren zur Lady. Der erste zugehörige Parkplatz liegt direkt an der Mines Road. Von dort ist es noch ein gutes Stück

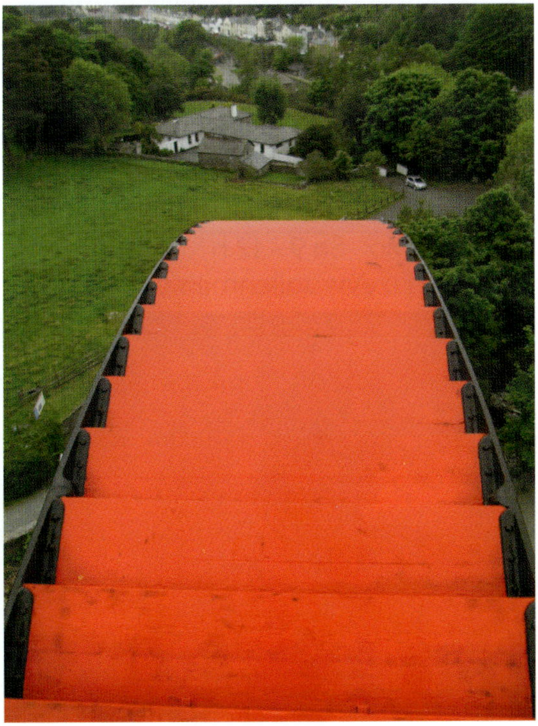

Nach 95 Stufen...

Fußweg zum Wasserrad. Ein Hinweisschild weist aber auf den zweiten Parkplatz direkt am Eingang zum Wasserrad hin. Es ist eine recht enge und steile Zufahrt mit einer scharfen Linkskurve. Der Parkplatz liegt am Hang, ist aber asphaltiert und bietet dadurch gute Parkmöglichkeiten. Hier gilt die Devise: Mit schweren Bikerstiefeln wenig laufen müssen.
Heute nur noch Touristenattraktion, hat das Laxey Wheel früher aus den dahinter liegenden Bergwerksminen das Wasser gepumpt. Ganz Sportliche steigen die 95 Stufen zum Turm hoch und werden mit einem spektakulären Ausblick belohnt.
Eine Rast bietet sich in der **Ballecregga Corn Mill** an, direkt unterhalb der Zufahrt zum Laxey Wheel an der Mines Road. Das ehemalige Mühlengebäude besitzt ein ganz besonderes Ambiente. Es gibt auch hier ein Wasserrad, mit der Lady Isabella kann es allerdings nicht mithalten.
www.facebook.com/ballacregga

Wer mehr auf Shopping eingestellt ist, sollte die **Woollen Mills** in der Glen Road in Laxey besuchen. Hier kann man bei der traditionellen Herstellung von Manx Tweed und Tartan zuschauen. Das Angebot an englischen Stoffen, Wollpullovern, Schals oder Krawatten lässt keine Wünsche offen.
Geöffnet Mo - Sa 9 - 17 h
www.laxeywoollenmills.com

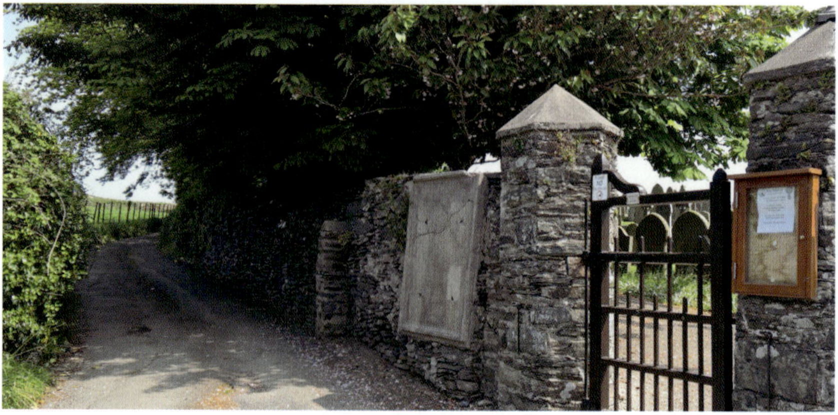

Einfahrt Lighthouse Road Maughold

Auf der A2-Küstenstraße geht es weiter Richtung **Ramsey**. Wenn das Wetter mitspielt, ist die Route über **Maughold** zu empfehlen. Kurz vor Ramsey biegen Sie von der Küstenstraße A2 rechts in die A15 ab, die direkt nach Maughold führt (Schild Maughold Village/Cornaa). Man kann auf der A2 auch schon am Glen Mona Hotel abbiegen und die Furt bei Cornaa durchfahren (s. Seite 110), bevor es nach Maughold weitergeht. Sehenswert ist hier die **Maughold Parish Church**. Auf dem zugehörigen Friedhof sind viele der noch auf der Insel vorhandenen **Steinkreuze** zu sehen, die auf das 11. Jahrhundert datiert werden.

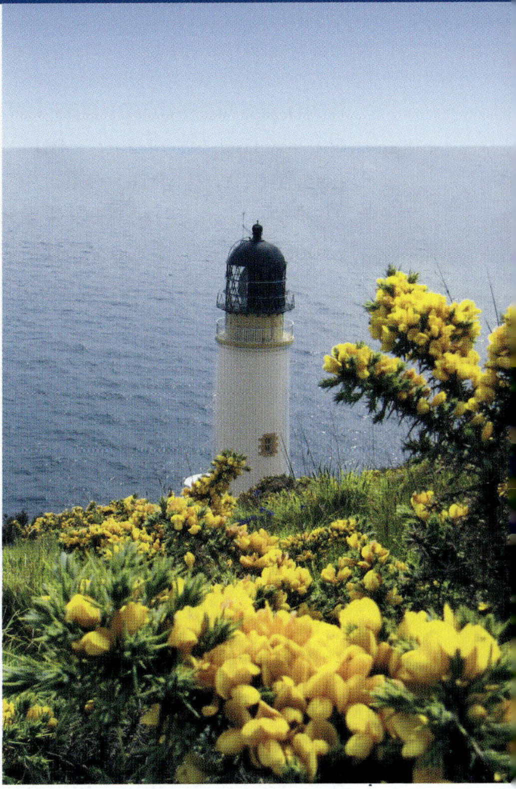

Maughold Lighthouse

Der Abstecher nach Maughold lohnt sich aber auch wegen der traumhaften Steilküste mit dem **Leuchtturm** am Strand als Fotomotiv. Bei schönem Wetter ein idealer Platz für ein Picknick. Um dorthin zu gelangen, fährt man in Maug-

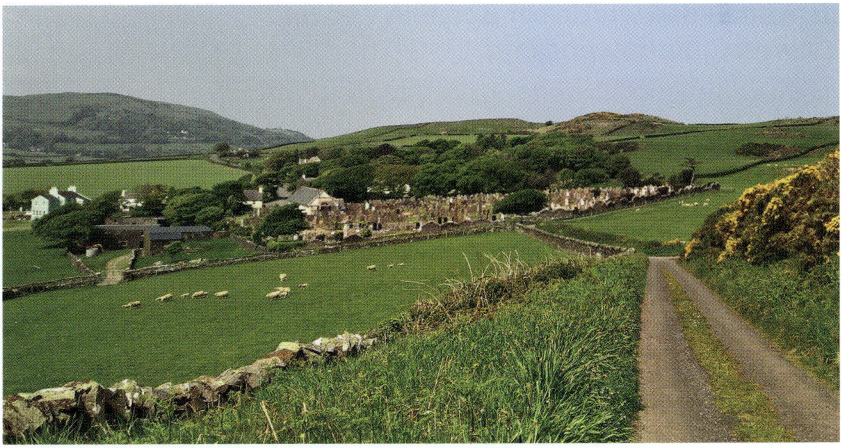

Blick auf Maughold Village vom Leuchtturm aus

hold bis direkt vor das Tor des Friedhofs und biegt dann links in die kleine Straße ein. Für uns sieht das eher wie ein Wanderweg aus, auf der Insel gilt dieser Pfad als offizielle Straße mit dem Namen **Lighthouse Road**. Es gibt zwei Parkbuchten auf der linken Seite. Der **zweite Parkplatz** liegt näher am Leuchtturm und bietet damit die bessere Aussicht über das Meer.

Auf der A15, die nach ein paar Meilen wieder in die A2 mündet, geht es weiter Richtung **Ramsey**.

Museen finden sich hier weniger, trotzdem kann man ohne Mühe viel Zeit im Städtchen verbringen. Da gibt es den Hafen und die Promenaden, die zum Bummeln und Verweilen einladen, sowie einen großen Supermarkt.

Da Ramsey innerorts aus vielen Einbahnstraßen besteht, sollte man von der A2 gleich am Stadtanfang nach rechts auf die **Queen's Promenade** fahren. Die Promenade mit dem Queen's Pier ist ein beliebter Treff während der TT. Der Name geht auf Queen Victoria zurück, die 1847 zur Freude der Bewohner von Ramsey hier an Land ging, weil es in Douglas wegen der herrschenden rauhen See nicht möglich war. Das alte Hallenbad war früher ebenfalls hier. Es wurde jedoch geschlossen und einige Straßen weiter neu gebaut. Der Imbiss mit den leckeren Hamburgern und dem guten Kaffee ist aber noch vor Ort, denn aus dem alten Bad wurde ein **Bowling Center**.

www.gov.im/webcams/

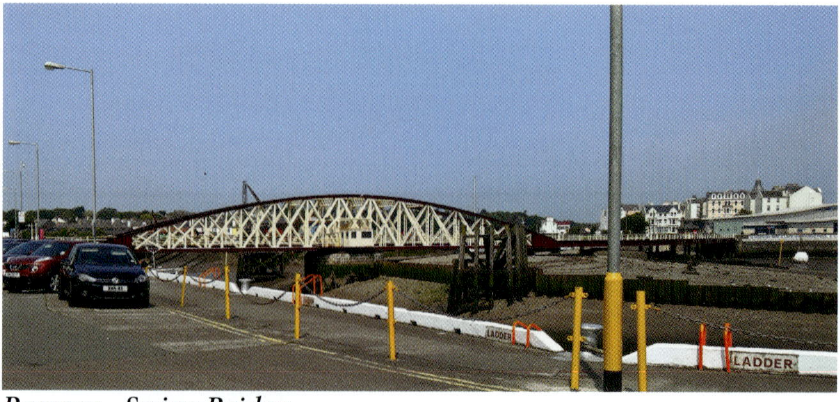

Ramsey - Swing Bridge

Zum neuen **Hallenbad**, natürlich auch mit Restaurant, geht es von der Queen's Promenade links über die Dale Street oder die Neptune Street, dann den West Quay entlang und rechts über die weiße Drehbrücke (Einbahnstraße). Auf der anderen Seite dieser Brücke beginnt die **Mooragh Promenade**, man sieht **The Northern Swimmingpool** schon von weitem. Das **Swimmingpool Café** ist größer als früher, es werden englische wie auch asiatische Gerichte auf der Speisekarte angeboten, dazu Gebäck und Kuchen zu Tee oder Kaffee.

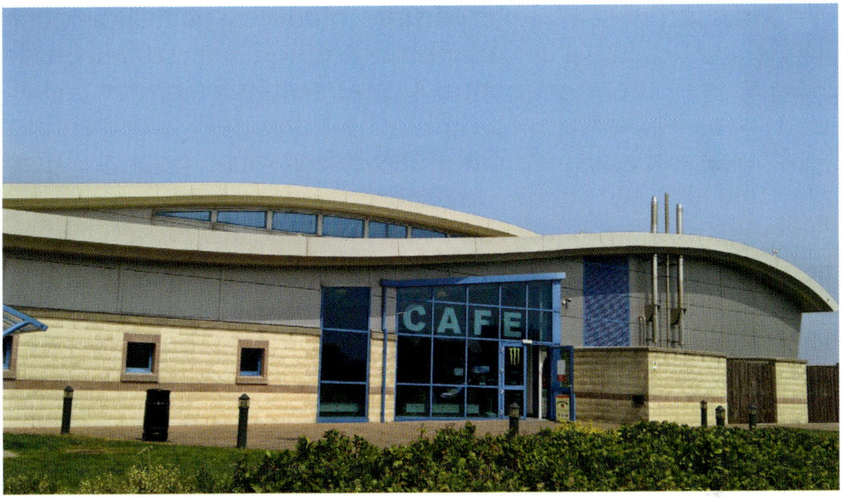

Hallenbad Northern Swimmingpool, Ramsey

Geöffnet: Täglich/spezielle TT-Öffnungszeiten
www.northernswimmingpool.com

Beim Wegfahren von der Mooragh Promenade kommt man durch das Einbahnstraßensystem wie von selbst am **Mooragh Park** vorbei, ein Ort für Live Entertainment oder Barbecues, an denen man zwanglos teilnehmen kann.

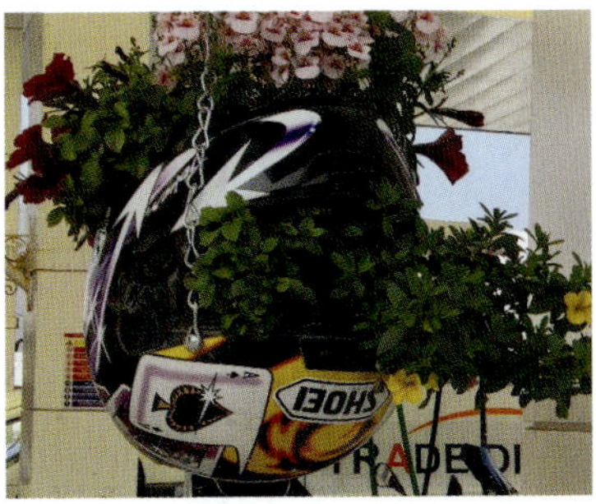

Tankstellen Deko

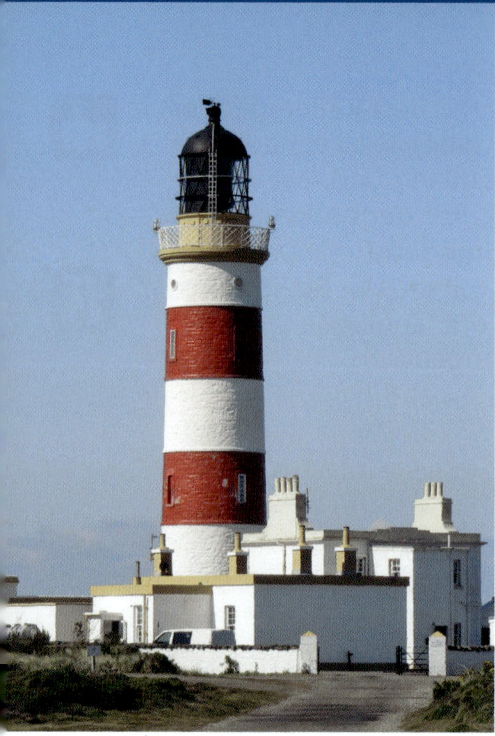

Point of Ayre

Von Ramsey aus geht es jetzt ohne Verzögerung zum Ziel dieser Route, dem **Point of Ayre** mit dem imposanten Leuchtturm. Am nördlichsten Punkt der Insel sehen Sie am Strand nur eines: Steine, Steine, Steine. Es gibt sie in allen Variationen und Größen. Ein beliebtes Motiv fürs Familienalbum sind die Stein/Kopf-Bilder. Zur Erklärung: Möglichst viele Personen suchen sich einen Stein in der Größe ihres Kopfes, halten ihn neben diesen und machen dann ein Gruppenfoto. So etwas bringt nicht jeder aus dem Urlaub mit.
Ob die Manx People so einen Unsinn treiben, weiß ich nicht. Auf jeden Fall sagen sie (und damit haben sie recht), dass man bei schönem Wetter am Point of Ayre 5 Königreiche sieht: Schottland, England, Irland, Man und das Himmelreich. Früher war es möglich, auf dem Leuchtturm nach den Königreichen Ausschau zu halten. Leider geht das nicht mehr, das Gelände mit dem Leuchtturm ist Privatbesitz. Es bleibt nichts anderes übrig, als sehnsuchtsvoll vom neu angelegten öffentlichen Parkplatz rechts daneben zum Leuchtturm zu schauen... wo sind die „good old Days" geblieben?

Falls die Zeit durch zuviel Bummeln in Ramsey schon sehr fortgeschritten ist, können Sie vom Point of Ayre die gleiche Strecke nach Douglas wieder zurückfahren. Ich empfehle aber die Weiterfahrt an der Westküste über die A10 und A 16/A10 nach **Jurby**. Hier gibt es seit 2015 das **Manx Motor Museum**, das man nicht verpassen sollte. Zwei Stunden kann man sich mindestens darin aufhalten, ohne dass es langweilig wird.
Dann wäre ja auch noch eine Stippvisite beim **Jurby Junk** einzulegen...

Alternativ planen Sie einen extra Tag nur für Jurby. Die Anfahrtsroute könnte anders sein, z. B. westlich über Kirk Michael oder mitten durch die Berge. Wer an Regentagen keine Lust auf Biken hat, kann entweder mit öffentlichen Verkehrsmitteln nach Jurby fahren oder mit einem Taxiunternehmen Sonderkonditionen für einige Stunden Nutzung aushandeln. Nicht die schlechteste Lösung für eine Gruppe.

Das **Manx Motor Museum** ist für alle Freunde von Kraftfahrzeugen und „Benzin-Verrückten“ ein absolute Superlative. Vater Dennis Cunningham und Sohn Darren haben über einen Zeitraum von 30 Jahren Klassik-Fahrzeuge aller Art gesammelt und hier mit privaten Geldern ein Museum aufgebaut, wie es seines gleichen sucht. Bei **über 400 Fahrzeugen** ist für jeden etwas dabei - ob Auto, Motorrad, Bus oder Transporter, eine einmalige Sammlung, wie man sie auf der Insel nie vermuten würde. Sehr oft werden auch Sonderausstellungen präsentiert.

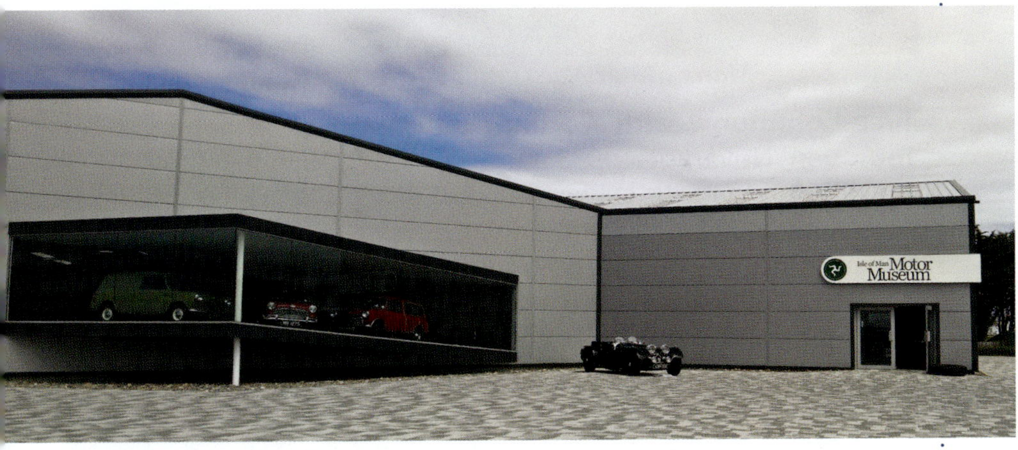

Manx Motor Museum

Der riesige, beeindruckende Bau präsentiert sich hell, mit klaren Linien, viel Glas, Behinderten gerecht (Aufzug zur Motorrad Galerie), alles sehr gut durchdacht. Die obere Etage ist den **Motorrädern** vorbehalten. Hier findet sich alles, was das Herz begehrt. Ich bin sicher, viele Besucher stehen hier vor genau dem Motorrad, mit dem ihre Bike-Leidenschaft begann, es ging mir nicht anders. Überwältigt von den vielen Zweirädern sollten wir aber auch nicht die wunderschönen Karosserien mit vier Rädern übersehen. Das sind nicht nur schnöde **Oldtimer**, nein, es sind richtige Schätzchen dabei, die man nicht oft irgendwo sieht. Bestes Beispiel ist der **1953er Humber Royal Tourer Queen's Car**, der von Queen Elisabeth II und Prinz Philip bei

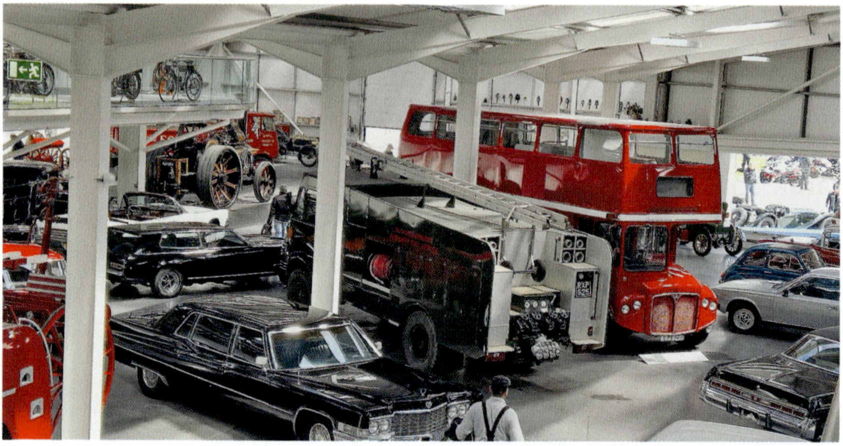

Manx Motor Museum: Mehr geht nicht...

ihrer **Commonwealth Coronation Tour** von November 1953 bis Mai 1954 benutzt wurde. Davon wurden weltweit nur 4 Fahrzeuge in England gebaut. Und wer denkt nicht an die **Back to the Future-Filme**, wenn er vor einem **silbernen Delorean von 1982** steht? Oder es packt jemanden das Fernweh, wenn er einen amerikanischen **Greyhound Bus** neben einem deutschen **VW Bully** sieht. Mit beiden lässt es sich super urlauben.

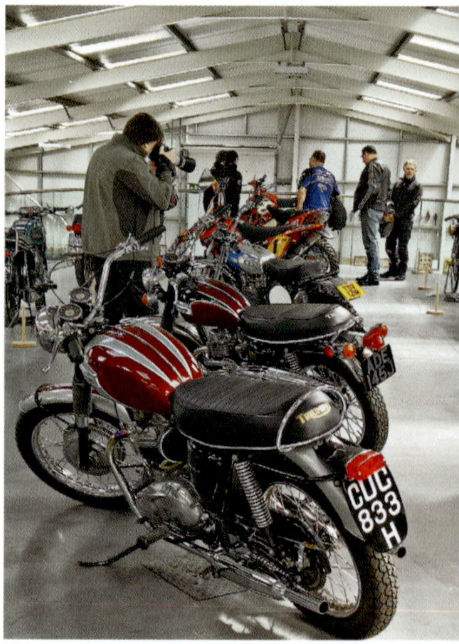

Im **The Guard House Cafe** gegenüber des Museums gibt es neben heißen und kalten Getränken auch Snacks und warme Gerichte.

Jurby, A14/Ballameanagh Road.
Geöffnet: 10 - 17 h
www.isleofmanmotormuseum.com

Eine weitere Attraktion und langjährigen TT-Fans ebenfalls ein Begriff, ist der **Jurby Junk Shop**, der größte **Trödelmarkt** der Insel, der in einem ehemaligen Flugzeughangar residiert. Ab 1 £ ist vom Cocktailglas über alte Schallplatten, Porzellan bis zu elektrischen Geräten alles im Angebot. Für Trödelfans ein Paradies. Ein Original ist auch **Stella**, die Inhaberin, stets in rosa Farben gekleidet, umgeben von ihren Katzen.

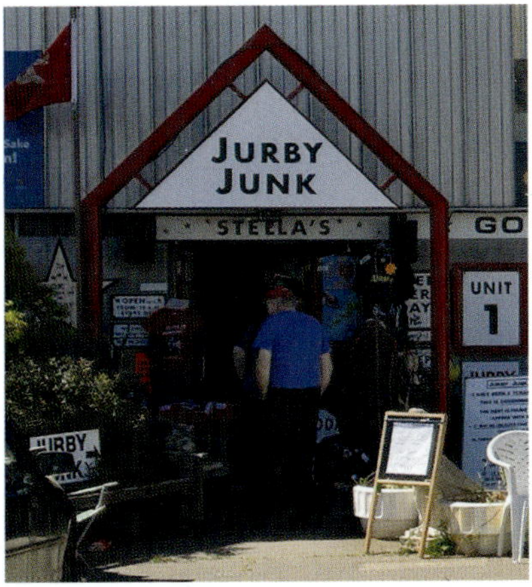

Jurby Junk

Die **Einfahrt zum Junk** ist an der Ecke A10 Coast Road/ A14 Ballameanagh Road.

Weiter auf der A10 kommen Sie an der **Ballaugh Bridge** (siehe auch Seite 100) auf die Rennstrecke und können von Ballaugh bis Ramsey auf der Strecke zurückfahren.
Eine Möglichkeit ist auch, von **Ballaugh** aus **durch die Berge** nach Douglas zurückzufahren. Diese Strecke ist in der nächsten Route - in umgekehrter Richtung - ausführlich beschrieben, deshalb hier nur die Straßenführung: Bei der Ballaugh Bridge das Sträßchen nehmen, das am Hintereingang des **Raven Pub** vorbeigeht (Ballaugh Glen). Hinter den Häusern an der dritten Einmündung links abbiegen in die **Druidale Road** (mittlerweile ist der Hohlweg ausgebaut und es steht hier ein Straßenschild).
Auf diesem Feldweg (C37/Druidale Road) geht es durch die Berge bis zur Kreuzung **Injebreck Hill**, von da links über die B10 (Beinn-y-Phott Road) zur A18 (Rennstrecke) und dann über Brandywell/32nd Milestone, Kate's Cottage und Creg-ny-Baa auf dem TT-Kurs zurück nach Douglas.

Durch die Berge
(ca. 50 km)

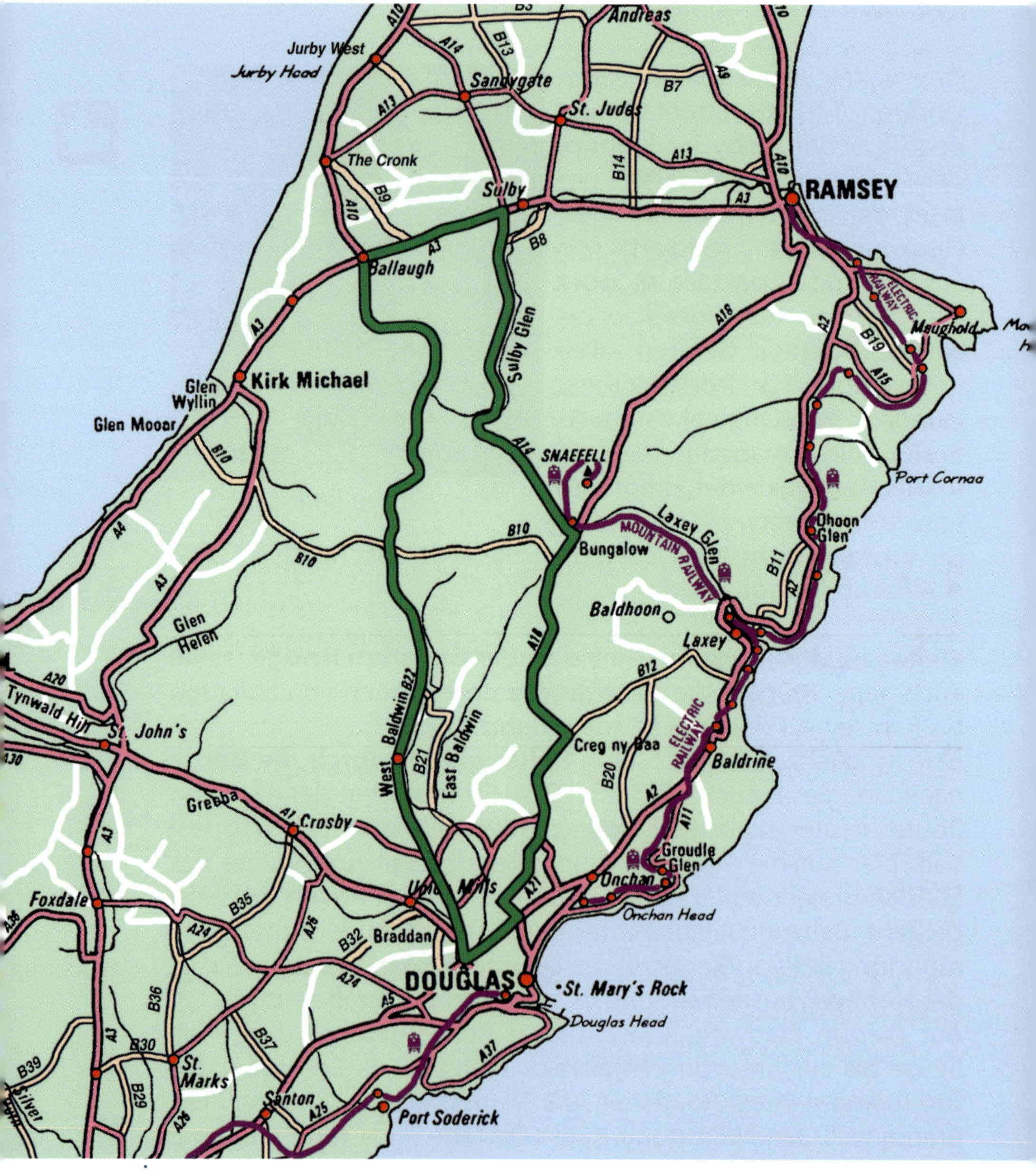

Durch die Berge

Douglas - A1/A23/B22/West Baldwin/B10/Ballaugh/Sulby/A14/Bungalow/Douglas

Diese Strecke führt über Sträßchen, die in Deutschland wahrscheinlich nur für landwirtschaftlichen Verkehr zugelassen wären, gerade das ist das Reizvolle an der Route. Wenn Sie das Gefühl haben, jetzt ist die Straße gleich zu Ende und Fuchs und Hase sagen sich Gute Nacht - fahren Sie trotzdem weiter, höchstwahrscheinlich sind Sie richtig.

Von Douglas geht es auf der A1 (Peel Road), A23 (Braddan Road/Mount Rule Road), B22 (West Baldwin Road) am Stausee **West Baldwin Reservoir** vorbei und dann Richtung Berge. Die Häuser werden immer weniger, die Straßen immer enger. Nach dem Stausee geht es aufwärts in ein Waldstück, mit einer Haarnadelkurve nach links (ohne Vorwarnung).

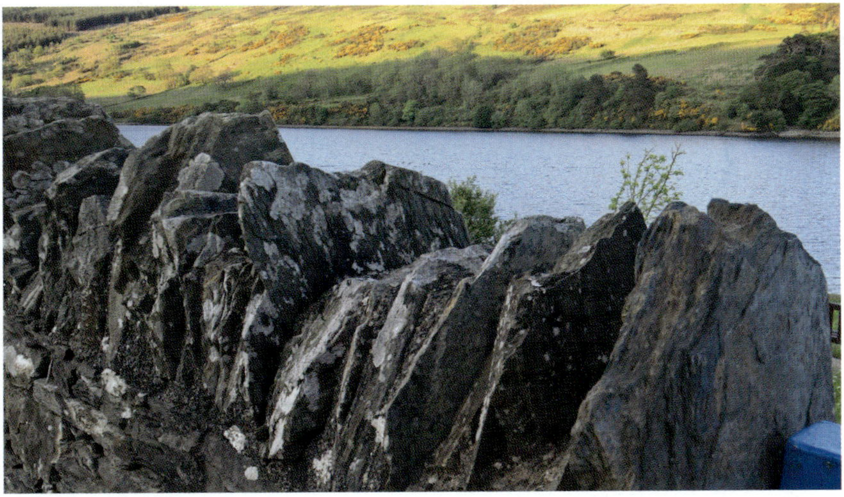

West Baldwin Reservoir

Kurz nach dem Waldstück (es geht immer noch bergauf) stehen einige Bäume, die nicht gerade, sondern durch den Wind ganz

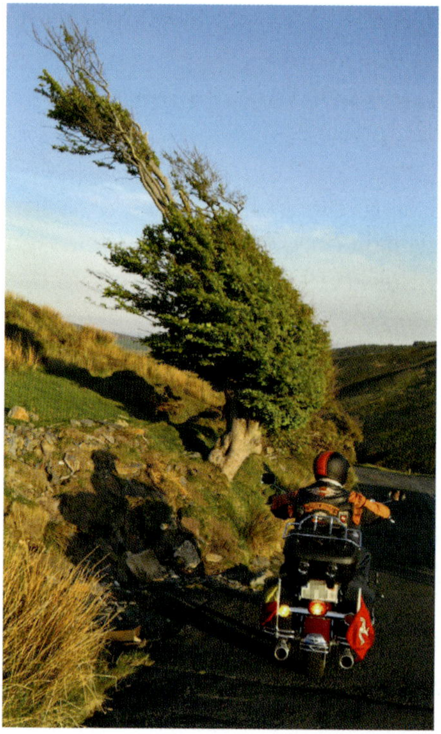

schief gewachsen sind - ein skurriles Bild. Anschließend sieht man nur noch Weite, Landschaft und Schafe. Soweit das Auge reicht, sind die Schafweiden mit den für die Insel typischen Steinmauern umzäunt. Damit die Schafe das abgegrenzte Gebiet nicht verlassen können, sind auf der schmalen Straße noch so genannte **Cattle Grids** eingebaut, runde Eisenroste, auf denen die Schafe keinen Halt finden. Der Ausblick wird immer atemberaubender, je höher man fährt. Ich kann aber nicht verschweigen, dass es auch immer kälter werden kann. Wenn das Wetter an der Küste schon etwas rauh ist, dann ist es hier oben ungemütlich - bitte warme Sachen mitnehmen. Es sind eben die Berge, auch wenn sie nicht mit den Alpen vergleichbar sind.

Bitte auch daran denken: Wenn das Wetter gut und der Asphalt schön warm ist, liegen Mutter und Kind Schaf gerne auf selbigem, das Gras ist ihnen dann zu kalt. Mit Hupen bekommt man sie zwar rechtzeitig von der Straße, aber es ist nie sicher, in welche Richtung sie davonlaufen. Ein **Unfall mit Schaf** sorgt in froher Runde bestimmt für Gelächter.

Kurz nach **Injebreck Hill** (da steht auch mal wieder ein Haus) kreuzen Sie die B10 nach rechts und fahren dann gleich links auf der **Druidale Road** (C37) weiter nach **Ballaugh**. Wenn der Weg kurz vor Ballaugh nur die Möglichkeit rechts oder links abbiegen zulässt, fahren Sie rechts ab.

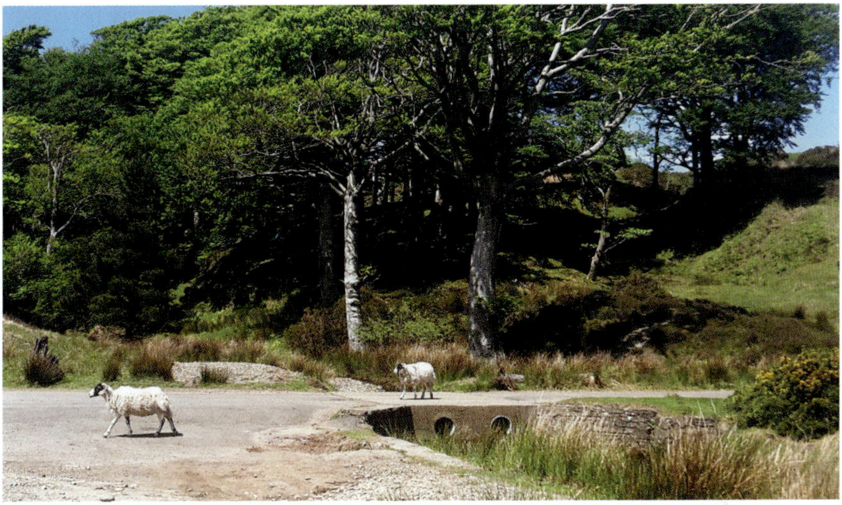

Druidale - in the Middle of Nowhere

Dann sind es nur noch einige Meter bis zum **Raven**, dem bekannten Pub an der Ballaugh Bridge. Hier kann man gut und schmackhaft essen. Auf der anderen Straßenseite ist ein kleiner Supermarkt, der sich auf die Verpflegung der TT-Besucher eingerichtet hat. Bitte sehr aufpassen beim Überqueren der Straße, es ist die Rennstrecke und diese Stelle ist nicht sehr übersichtlich. Wie lange Sie an der Ballaugh den Sprüngen über die Brücke zusehen, bleibt Lust und Laune jedes Einzelnen überlassen. Von Ballaugh aus geht es auf dem TT-Kurs weiter nach **Sulby**.

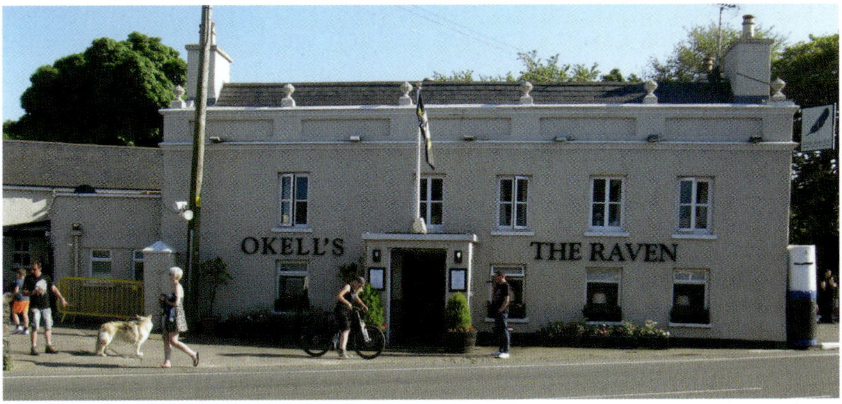

The Raven, Ballaugh Bridge

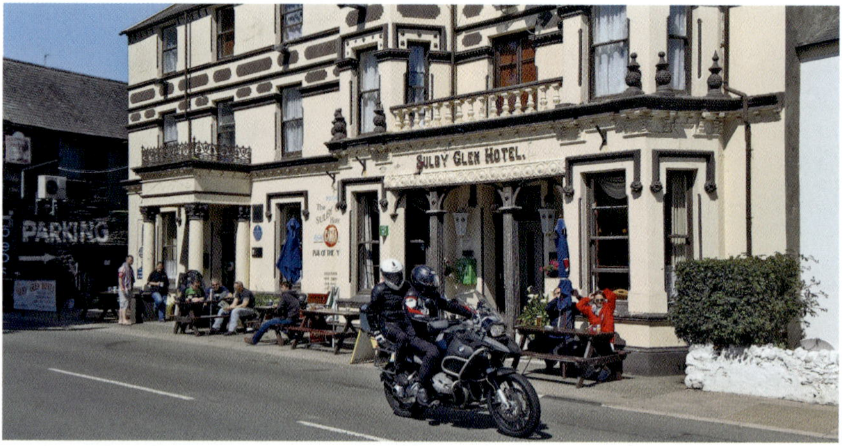

Sulby Glen Hotel

Das **Sulby Glen Hotel** ist ein beliebter Biker-Treffpunkt, Wirtin Rosy kennt fast jeder. Bei einigen deutschen Motorradclubs ist sie sogar Ehrenmitglied.
Ihr Sohn **Daniel Sayle** gewann als Seitenwagen Passagier bisher achtmal einen TT-Lauf, davon dreimal mit **Klaus Klaffenböck**. 2010 gewannen Klaus und Dan beide TT-Seitenwagenrennen. Damit holte Klaus Klaffenböck nach 56 Jahren wieder einen Sieg für Österreich. Ein Hommage an dieses denkwürdige Ereignis ist ein Gespannfoto der beiden, das als geätztes Fensterbild am Hotel zu sehen ist. Auch der Pub selbst ist bestückt mit Pokalen, Erinnerungsstücken und Fotos zur TT. Es gibt viel zu schauen. Doch auch das Essen ist einen Besuch wert. Es gibt sogar eine deutsche Speisekarte. Ein Vorteil ist auch, dass man während der Streckensperrung über die kleine Seitenstraße (A14), die zum rückwärtigen Parkplatz führt, den Standort wechseln kann.
www.sulbyglen.net

Das Hotel liegt an der **Sulby Straight**, dem schnellsten Punkt des Kurses. Selbst außerhalb eines Rennens bekommt man einen Eindruck, mit welcher Geschwindigkeit die Fahrer hier vorbei fliegen. Sind doch die „normalen" Biker auch nicht gerade langsam unterwegs. Aber Vorsicht: Ein beliebter Blitzer-Standort der Manx Police.

Auf halbem Weg zwischen Sulby Glen Hotel und Sulby Bridge liegt die **Kella Distillery** an der A3. Hier wird **ManX Spirit** hergestellt, gewonnen aus schottischem Whisky. Dieser wird in der Brennerei in einem besonderen Verfahren erneut destilliert. Dadurch verliert der Whisky seine Farbe, wird zu einem klaren Getränk, hat aber noch die für Whisky typischen Geschmacksaromen. Man könnte ihn auch als weißes Whiskygetränk bezeichnen. Wer ihn probieren möchte, fragt einfach im nächsten Pub, denn viele schenken den ManX Spirit aus.
www.manx-spirit.com

Wir lassen die Brennerei auf unserer Route aus, denn es geht direkt an der kleinen Kreuzung gegenüber von Rosy's Sulby Glen Hotel auf die A14 Richtung **Sulby Glen/Tholt-y-Will-Glen** (auch: Tholt-e-Will).

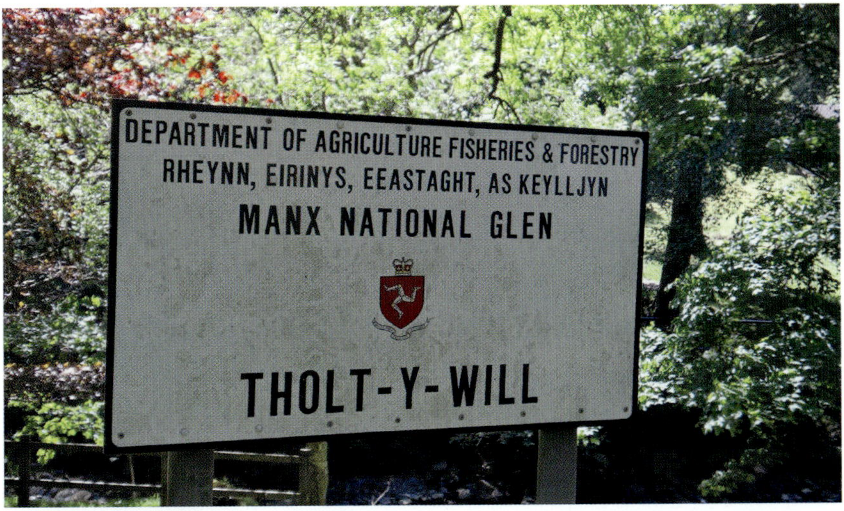

Tholt-y-Will Glen

Der **Sulby River**, längster Fluss der Insel, begleitet uns entlang der Straße im gleichnamigen Glen, bis wir am **The Tea Barn** angelangt sind. Ein Halt lohnt sich, denn das Café hat ein **Craft Centre** im ersten Stock, in dem überwiegend Gegenstände von heimischen Künstlern und Herstellern angeboten werden.

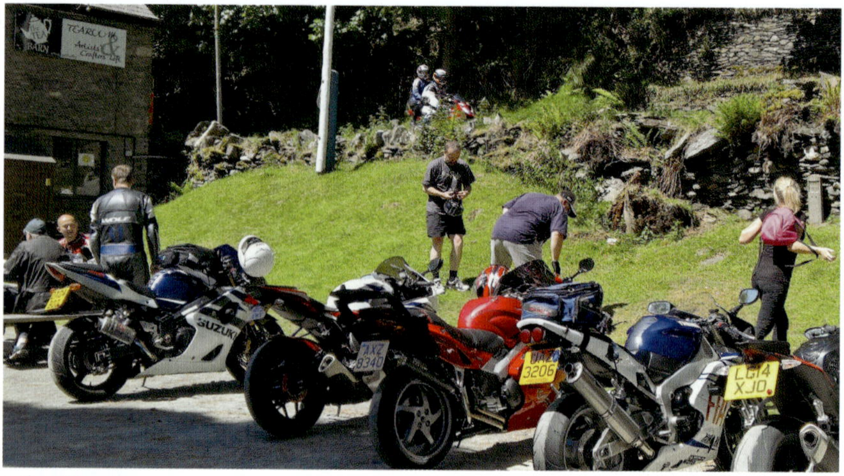

The Tea Barn

Eine **Picnic Area** schließt sich hinter dem Café mit Blick auf „Natur pur" an.

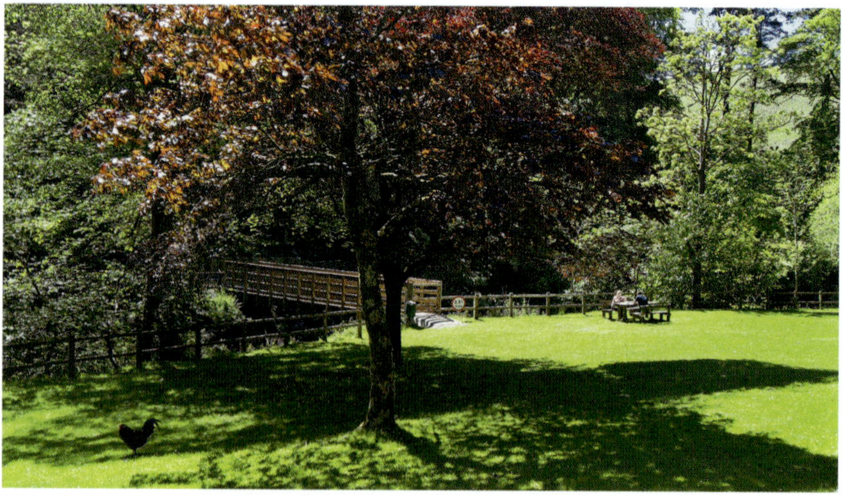

Picnic Aera am Sulby Glen

Hier ist auch der Punkt, wo der **Sulby Glen** vom **Tholt-y-Will-Glen** umrahmt wird. Denn dieser besteht rechts der Straße aus der **Plantation** (Waldgebiet), auf der Tea Barn-Seite aus steilen Schluchten.

Vom Parkplatz des Tea Barn sind es ein paar Schritte auf der A14 bis zu einer kleinen Brücke. Sie wird **Bridge of the Chapel** (**Kirchenbrücke**) genannt. Wenn man sich das Haus neben der Brücke genau ansieht, erkennt man an der Bauform und vor allem an den Spitzbogen-Fenstern, dass es früher eine Kirche war. Heute wird es als Wohnhaus genutzt.

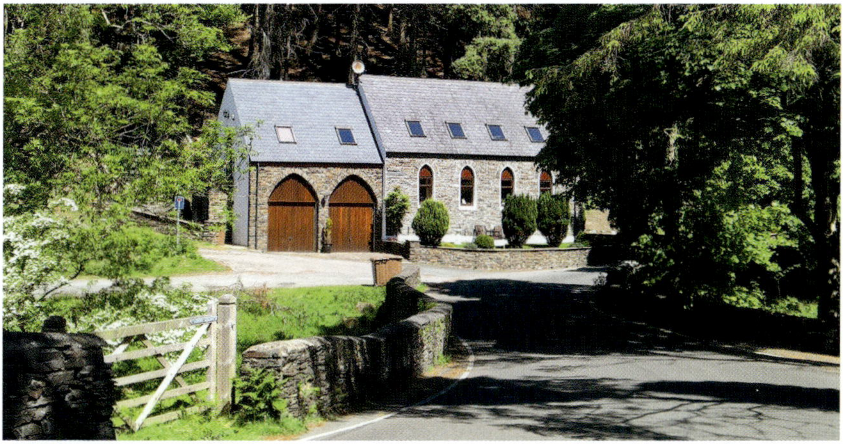

Ehemalige Kirche mit Bridge of the Chapel

Unter der Kirchenbrücke fließt der Sulby River geradeaus in das **Sulby Reservoir**. Die Straße direkt an der ehemaligen Kirche führt als Sackgasse zum größten Wasserreservoir auf der Insel. Wer mag, macht einen Abstecher an diesen erholsamen Ort.

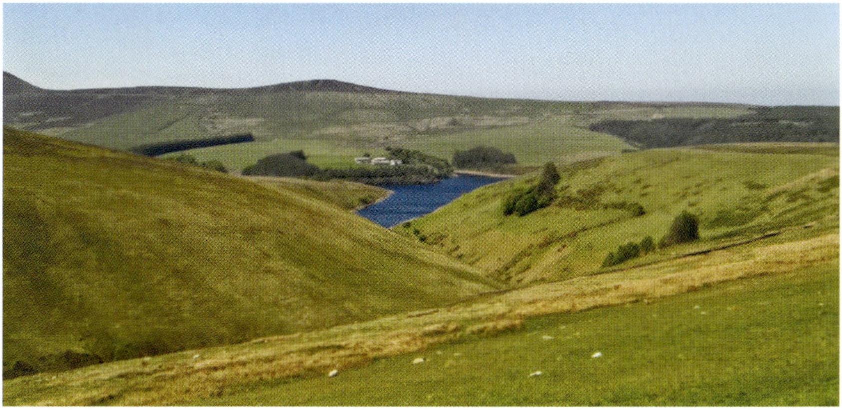

Sulby Reservoir

1982 fertiggestellt, versorgt der Stausee den nördlichen Inselteil mit Wasser. Es besteht auch die Möglichkeit, vom Sulby Reservoir Wasser zum West Baldwin Reservoir abzuleiten, das Douglas und den südlichen Inselteil versorgt. Anschließend geht es vom **Tholt-y-Will Glen** von der Kirchenbrücke aus weiter auf der A14.

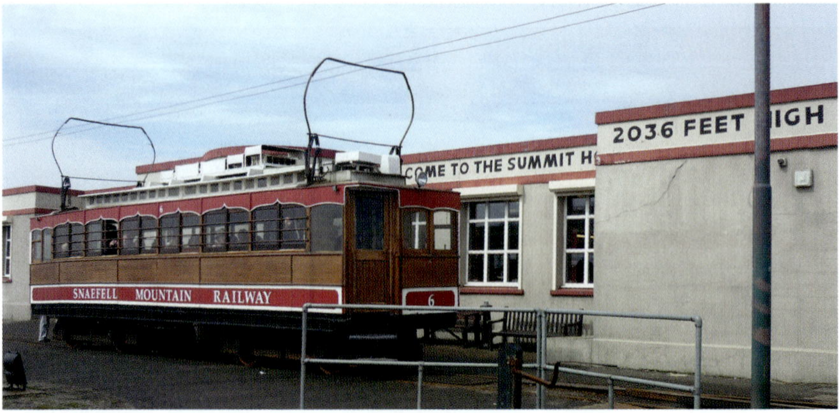

Snaefell Mountain Railway - Endstation in 621 Metern Höhe

Wir nähern uns dem höchsten Punkt der Insel, dem **Snaefell**, was so viel wie „schneebedeckter Berg" heißt. Ganz nach oben geht es nur mit der **Snaefell Mountain Railway** (s. Seite 122).

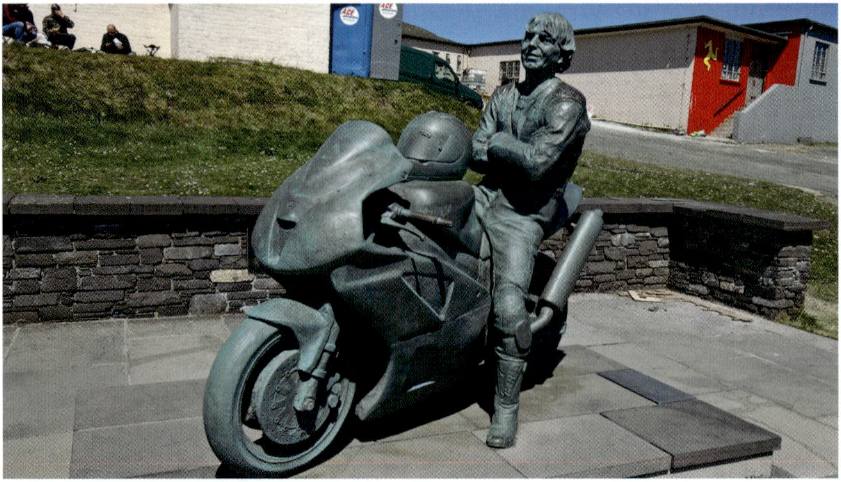

Joey Dunlop Memorial

Wir begnügen uns auf dieser Route mit der Fahrt bis Bungalow (ehemaliges Motorrad Museum). Seit 2002 steht hier eine Statue zu Ehren von **Joey Dunlop**. Er gilt als der größte TT-Held aller Zeiten.
Fünffacher TT-Formel 1-Weltmeister, **26-facher TT-Sieger** im Zeitraum von 1977 bis 2000, 24 Siege beim Ulster Grand Prix, unzählige andere Siege. Geboren als William Joseph „Joey" Dunlop am 25. Februar 1952 in Ballymoney/Nordirland, gestorben am 2. Juli 2000 in Tallinn/Estland. Joey war zurückhaltend, bescheiden, manchmal wortkarg, aber gerade deshalb liebten und lieben ihn die Fans immer noch. Jeder der die TT besucht, nimmt auch ein Foto vom **Joey Dunlop Memorial** mit nach Hause.

www.gov.im/webcams/

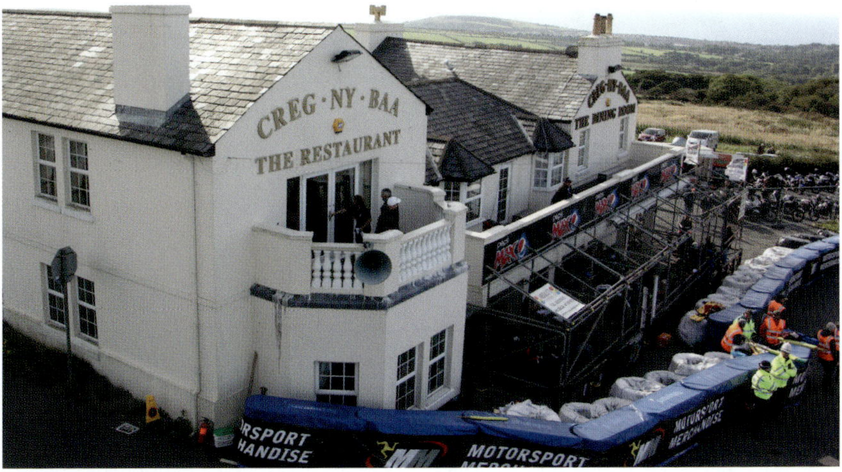

Creg-ny-Baa Hotel

Unsere Route ist nun fast zu Ende, denn es geht von Bungalow über die Rennstrecke zurück nach Douglas.

Es gäbe noch die Möglichkeit, im **Creg-ny-Baa Hotel** vorbei zu schauen, während der TT immer ein beliebter Treffpunkt und damit ideal zum Abschluss der Tour.

www.creg-ny-baa.com

Spritztouren
(ca. 90 km)

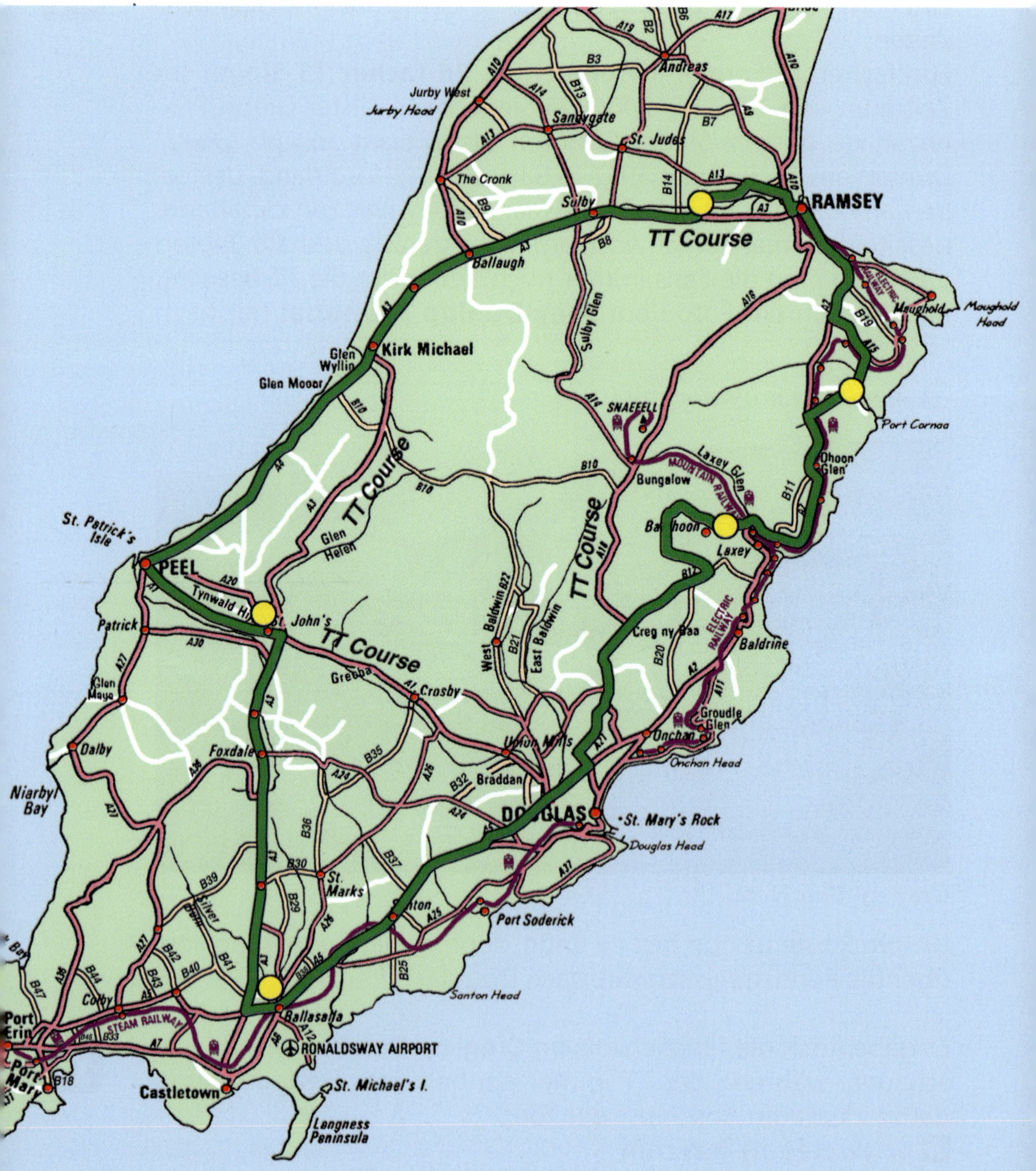

Spritztouren

Die **Spritztouren** gehen gut und gerne als **Abenteuertour** durch. Mann und Maschine können auch einmal nass werden. Aber wer liebt es nicht, mit dem Motorrad durch große Pfützen zu fahren?
Bei dieser Tour gibt es größere und kleinere Pfützen, also Bäche oder Rinnsale, die quer über die Straße fließen. Vor allem an einem heißen Tag macht es Laune, Mann und Maschine etwas abzukühlen. Die Tour kann **extra gefahren** werden, man kann aber auch die einzelnen **Fords** (so nennt sich eine englische **Furt**) als Abstecher **in die Süd- und Nord-Tour einplanen**. Teilweise gibt es auch Fußgängerbrücken über das Wasser, diese sind aber nicht zum Befahren mit dem Motorrad geeignet.
Gerade bei dieser Tour ist eine gute Inselkarte sehr von Vorteil, die Straßen sind manchmal sehr schmal, mit Feldweg Charakter und oft namenlos. Da muss das Navi passen!

Glen Roy Furt bei Laxey

Von der Rennstrecke bei Creg-ny-Baa biegen wir auf die **Creg-ny-Baa Back Road** Richtung Laxey ab. Nach ca. 3 km geht die Back Road geradeaus in die schmalere Ballacollister Road über - bitte nicht zur breiteren Straße nach rechts abbiegen. Nach weiteren 300 Metern geht es am Hinweisschild „Glen Roy“ links ab. Auf einer Straße ohne Namen fahren wir zu

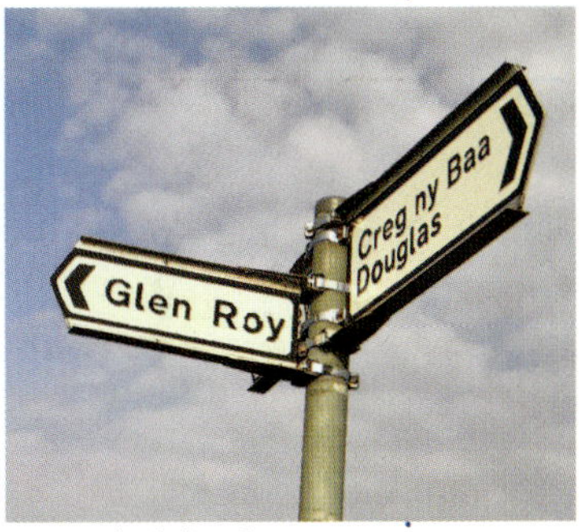

Schild Glen Roy

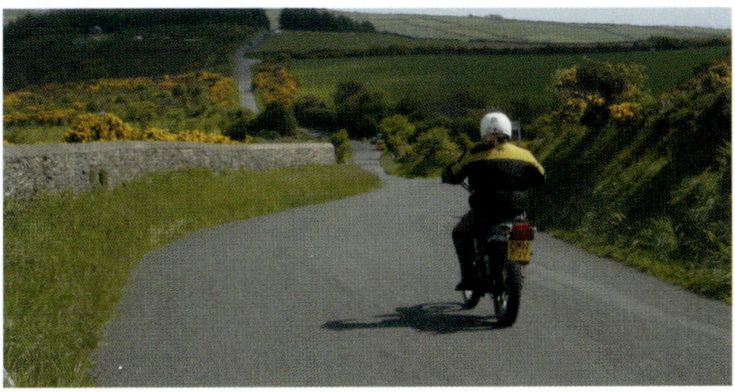
Auf der Suche nach der nächsten Furt...

den **Ballalheannagh Gardens**. Für Landschafts- und Gartenfans lohnt sich ein Besuch. Es präsentiert sich eine Mischung aus Arboretum und Landschaftsgarten, teilweise im japanischen Stil gestaltet, teilweise als Hanggarten.
Ab den Ballalheannagh Gardens hat das Sträßchen einen Namen, es heißt **Baldhoon Road**. Zwei Dinge sind zu beachten, das eine ist kurz nach den Gardens eine **Spitzkehre** nach links in leicht ansteigendem Gelände auf sehr schmaler Straße. Darauf folgt eine **Gabelung**, die Baldhoon Road ist die rechte Straße. Nach 2,5 km liegt die kleine **Furt in einer Rechtskurve,** das

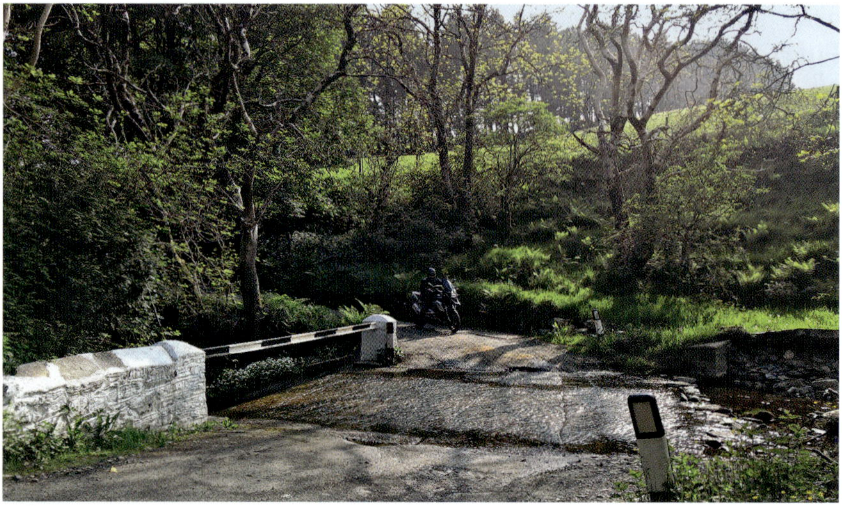

Glen Roy Furt

Wasser kommt aus dem Glen Roy. Nach weiteren 2,5 km auf der Baldhoon Road erreichen wir direkt neben einer Tankstelle und in der Nähe des Post Office die **Hauptstraße (A2) in Laxey.**
Von Laxey aus geht es weiter Richtung Glen Mona.

Furt bei Port Cornaa

Auf der A2 gegenüber des **Glen Mona Hotels** in die **Glen Mona Loop Road** abbiegen, von da auf die **Port Cornaa Road**, nach ungefähr 1,3 km kommt ein Abzweig links. Hier überquert man die kleine namenlose Furt in Richtung **Ballaglass Glen**, von dort geht es ca. 4 km über die A15 Richtung Hauptstraße (A2/Laxey).

Alternativ bietet sich eine Fahrt von der Furt aus über die **A15/ Maughold Road** nach **Maughold Village** an, wo man Leuchtturm und Maughold Church besichtigen kann. ca. 10 km (siehe Tour auf Seite 91).
Während man im Ballaglass Glen durch bewaldetes Gebiet fährt, bietet sich bei Maughold ein atemberaubender Blick auf Leuchtturm und Küstenlandschaft. Vielleicht sollte man sich je nach Wetter für den einen oder anderen Abzweig entscheiden. Dann geht es weiter nach Ramsey. Hier wartet schon die nächste Furt.

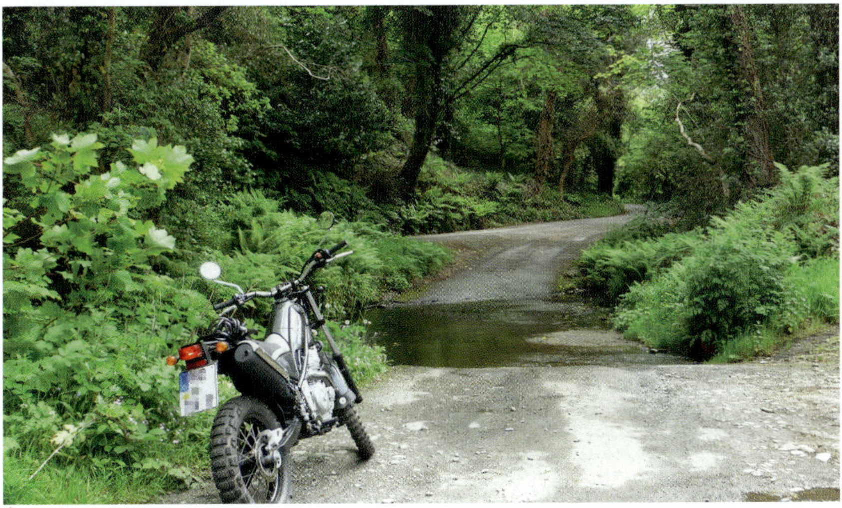

Furt bei Cornaa

Garey Furt am Sulby River

Diese breite und mit Abstand längste Furt erreicht man von Ramsey aus auf diese Weise:
Von Parliament Square fahren wir auf die **A9 Richtung Andreas.** Nach ungefähr einem Kilometer geht es links auf die **A13 Richtung Sandygate**. Nach knapp zwei Kilometern zeigt uns ein kleines Hinweisschild an, dass wir hier links zum **Garey Ford** abbiegen müssen. Grünes Weideland rechts und links, ein schmaler Weg mit einer einzigen

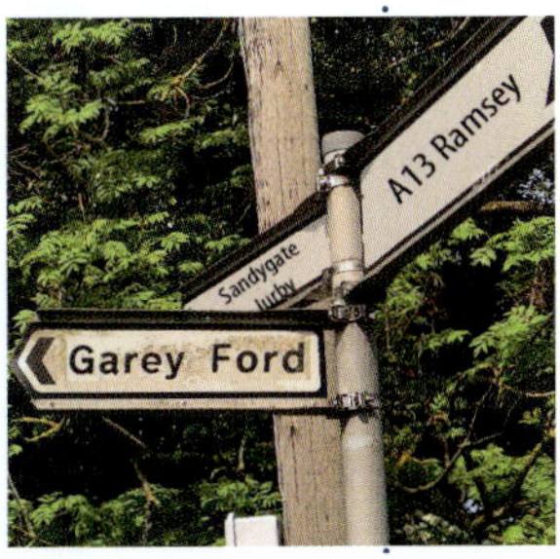

Schild Garey Ford

90 Grad-Rechtskurve, ein paar am Weg liegende Farmen, Natur pur. Nach ungefähr 1,5 km, direkt neben einer Farmzufahrt, taucht die Furt auf. Nur wer sich ein Herz faßt, kommt hier durch. Die gegossene Betonfläche zum besseren Durchfahren liegt je nach Wasserstand 20 bis 30 cm tief. Wer sich traut, dem ist eine Supergaudi garantiert. Nach Durchfahren der Furt erreicht man nach ca. 600 Metern die TT-Strecke (A3). Entgegen der Kursrichtung geht es weiter Richtung Peel, von da auf die A1 Richtung St. John's.

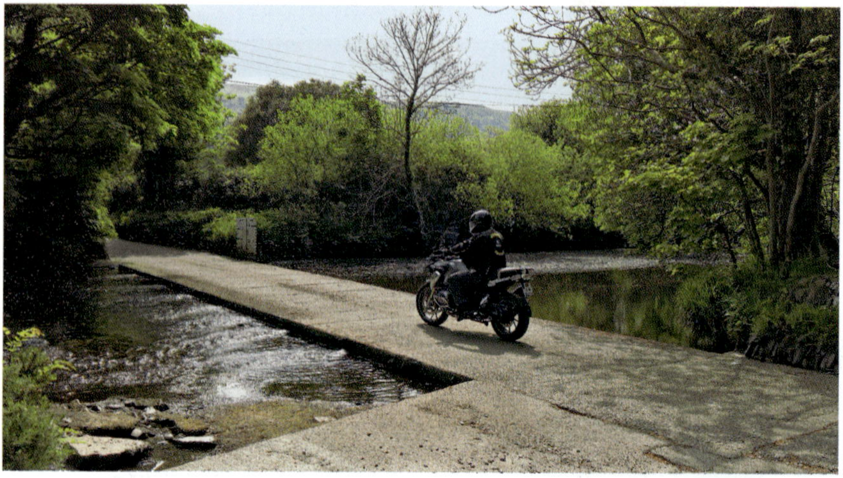

Garey Furt ohne ...

...und mit Wasser

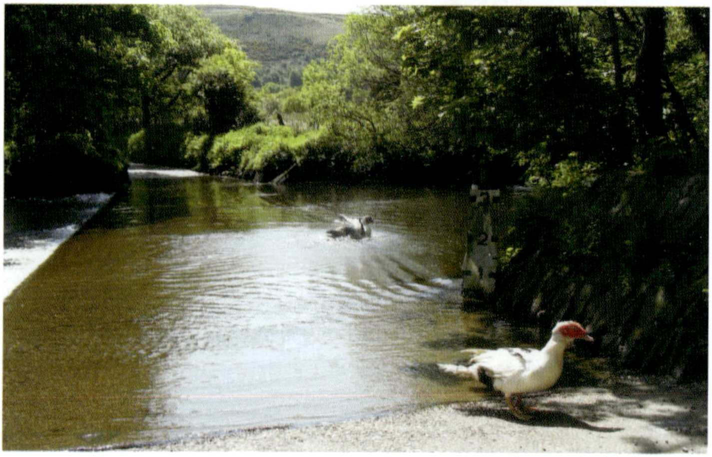

Furt bei St. John's in der Brack-A-Broom Lane

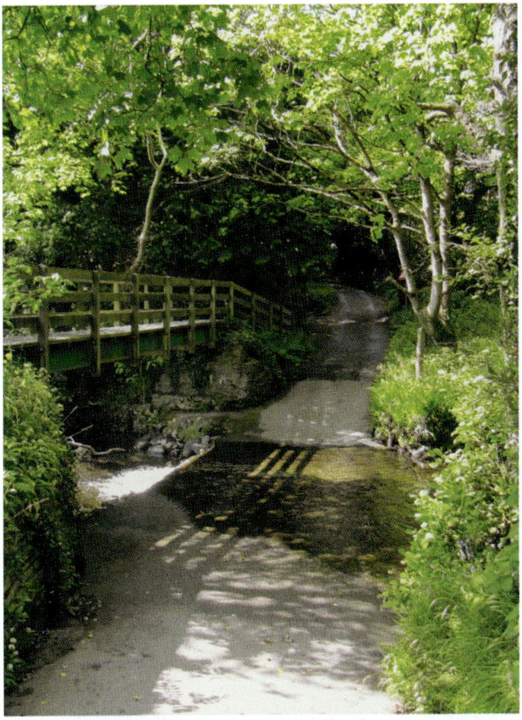

Furt bei St. John's

Von Peel kommend biegen wir in St. John's direkt vor dem Tynwald Hill links in die Glen Mooar Road ab (das ist auch die Richtung Craft Centre, siehe Seite 80). Nach ca. 400 m kommt links eine Abzweigung in eine Baumallee, die nennt sich **Brack-A-Broom Lane**. Die Lane noch ca. 300 m geradeaus fahren - bitte nicht rechts abbiegen. Die Furt hat gerade so Autobreite, ist von hohen Bäumen und Büschen umgeben und dadurch etwas dunkel. Die Weiterfahrt zur A20 ist nicht zu empfehlen, da der Feldweg nach der Furt holprig und

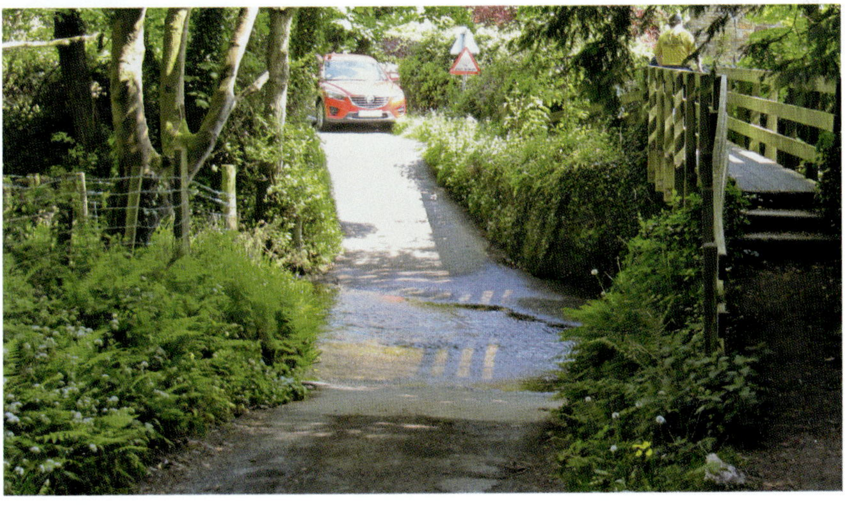

immer schmaler wird. Zwei Autos können nicht aneinander vorbeifahren. Auch bei Bike und Auto wird es sehr eng!

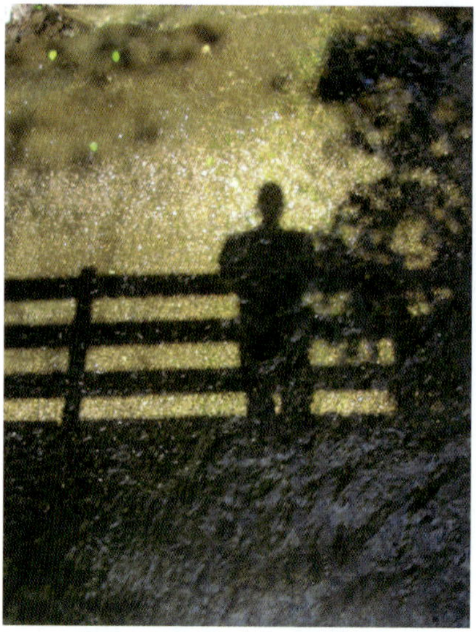

Schattenspiele auf der Fußgängerbrücke

Wir fahren deshalb zurück bis zum Tynwald Hill, an dieser Kreuzung dann geradeaus in die Station Road, die mündet in die A3, wo es über Lower Foxdale und Foxdale nach Ballasalla geht.

Silverburn River Furt bei Ballasalla

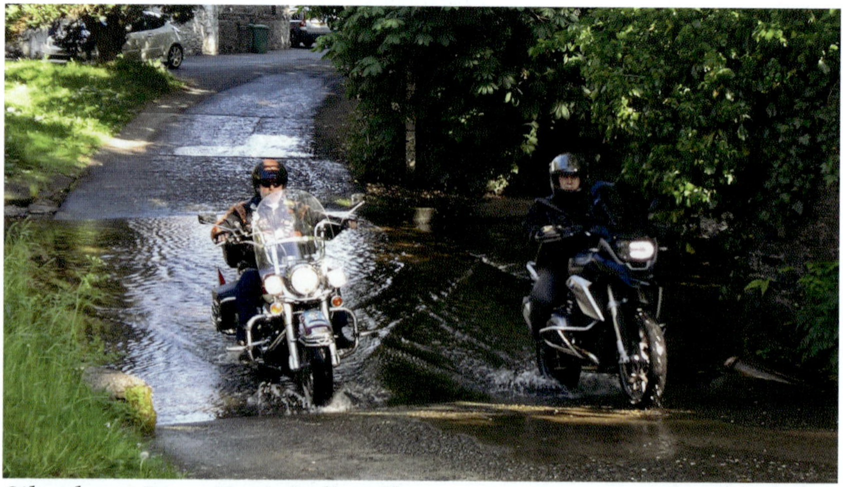

Silverburn River Furt, Ballasalla

Von St. John's kommen wir über die A3, die kurz vor **Ballasalla** in die A7 übergeht. Hier finden wir neben der **Rushen Abbey** die **Silverburn River Furt**. Innerorts fahren wir am Post Office in die **Mill Road**, die uns direkt zum Wasserspaß bringt.

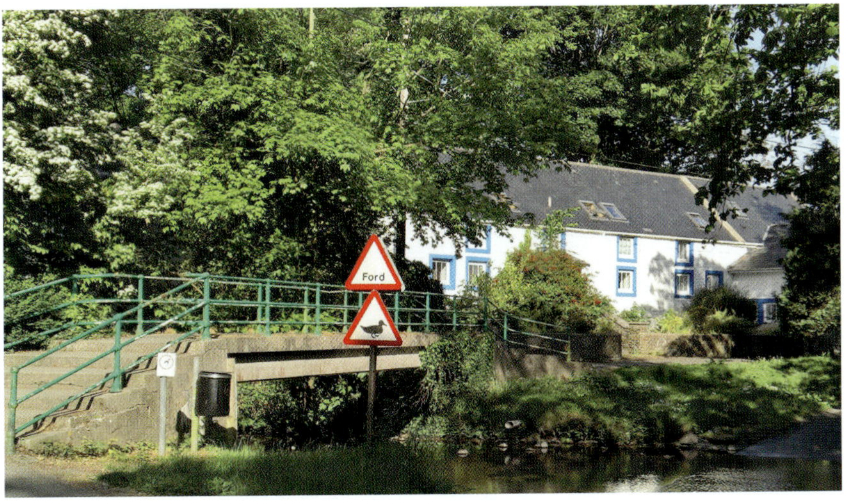

Fußgängerbrücke Silverburn River Furt

Nicht weit von dieser Stelle liegen auch der **Silverdale Glen** - immer eine Rast wert - und die **Monk's Bridge** (siehe auch nachfolgendes Kapitel **Glen Touren**).

Von Ballasalla fahren wir über die A5 zum Ausgangspunkt Douglas zurück.

Es gibt noch **einige kleinere Fords** auf der Insel, die mit wendigen Motorrädern durchfahren werden können. Hier ist eine detaillierte **Internetsite** dazu:

www.wetroads.co.uk/isleofman.htm

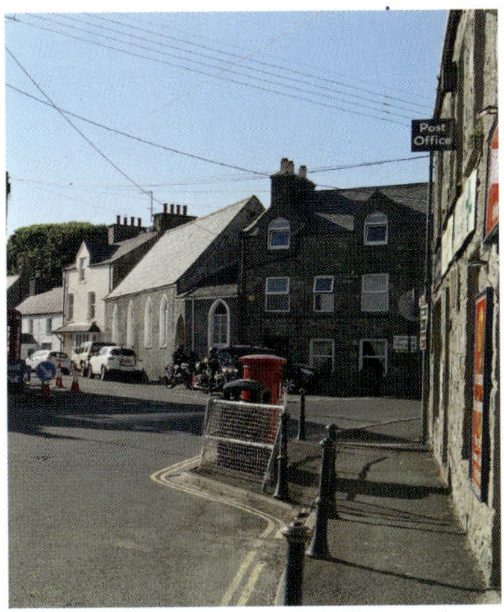

Einfahrt in die Mill Road

Glen-Touren

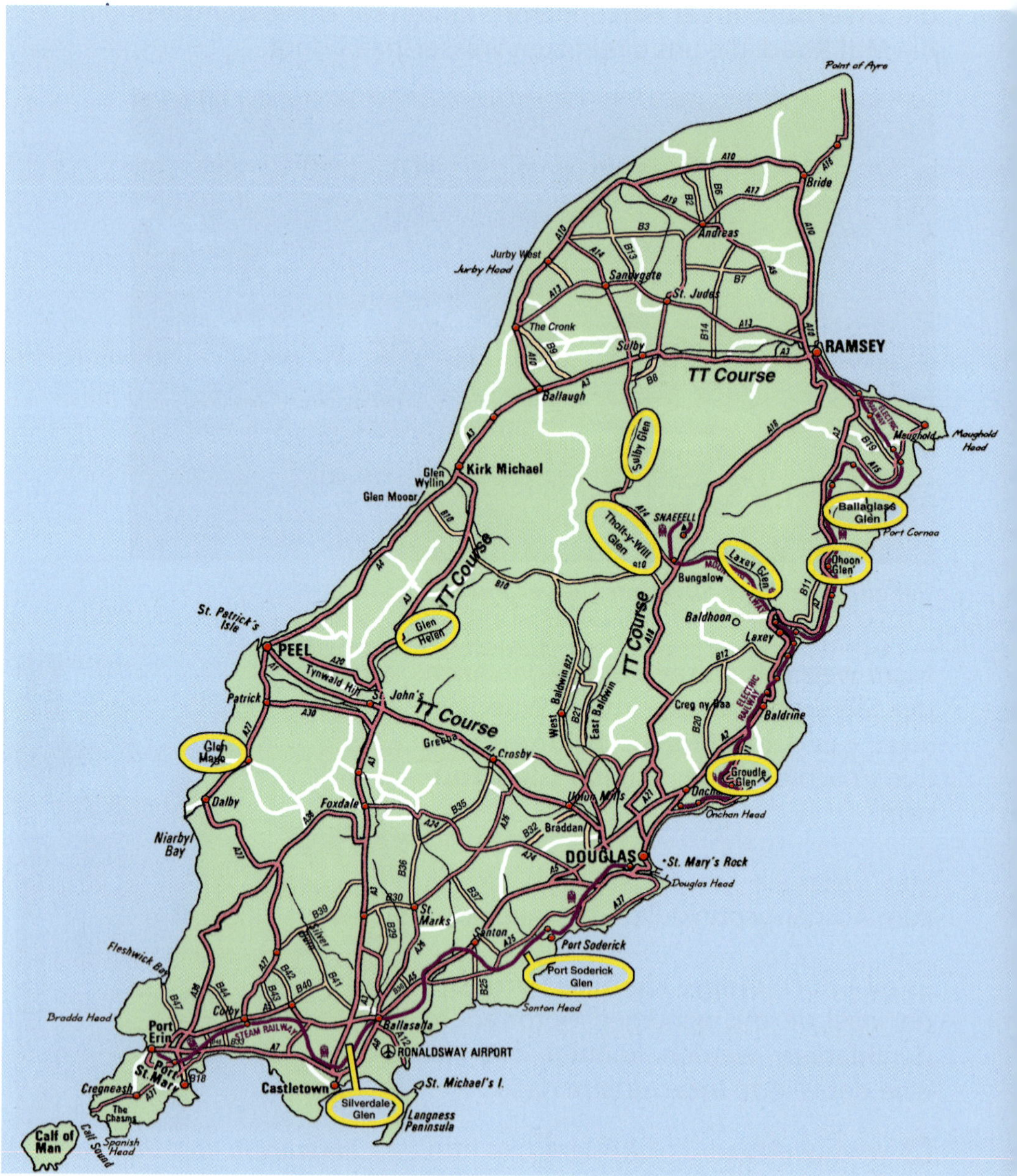
Point of Ayre
Bride
Andreas
Jurby West
Jurby Head
Sandygate
St. Judes
The Cronk
Sulby
RAMSEY
TT Course
Ballaugh
Maughold
Maughold Head
Sulby Glen
Kirk Michael
Glen Wyllin
Glen Mooar
SNAEFELL
Tholt-y-Will Glen
Ballaglass Glen
Port Cornaa
Dhoon Glen
Laxey Glen
Bungalow
Baldhoon
Laxey
St. Patrick's Isle
Glen Helen
PEEL
Tynwald Hill
St. John's
Patrick
Glen Maye
Creg ny Baa
Electric Railway
Baldrine
West Baldwin
East Baldwin
Greeba
Crosby
Groudle Glen
Onchan
Onchan Head
Union Mills
Braddan
Dalby
Foxdale
Niarbyl Bay
DOUGLAS
St. Mary's Rock
Douglas Head
St. Marks
Fleshwick Bay
Santon
Port Soderick
Port Soderick Glen
Santon Head
Bradda Head
Port Erin
Colby
Steam Railway
Ballasalla
RONALDSWAY AIRPORT
Port St. Mary
Castletown
St. Michael's I.
Cregneash
Silverdale Glen
Langness Peninsula
The Chasms
Calf of Man
Calf Sound
Spanish Head

The Glens - Natur pur

Wer für Natur und im besonderen für Wasserfälle schwärmt, der sollte eine **Glen Tour** machen. Ich empfehle für diese Tour die Mitnahme bequemer **Laufschuhe**.
Im Tourist Information Büro im Hafengebäude in Douglas gibt es eine kleine Broschüre über alle **18 Glens (Schluchten)** auf der Insel.
www.gov.im

Ballaglass Glen

Der Glen liegt südlich von Ramsey in der Gemarkung Maughold. Der Cornaa River fließt in Serpentinen durch die Plantation, ein tolles Naturschauspiel (s. a. **Spritztouren**, Seite 110)

Dhoon Glen

Dieser natürlich entstandene Glen liegt fünf Meilen südlich von Ramsey, eine der steilsten Schluchten der Insel. Durch bewaldetes Gebiet begleitet der Glen den gleichnamigen **Dhoon River** und öffnet sich zum Strand. Der beeindruckende Wasserfall auf halbem Weg nennt sich auf Manx „Inneen Vooar" bzw. auf Englisch „Big Girl". Einer der höchsten Wasserfälle der Insel, der mit 2 Kaskaden 40 Meter in die Tiefe fällt.

Glen Helen

5 Meilen von Peel entfernt, vielleicht der bekannteste Glen der Insel. Er wurde im Jahre 1850 mit vielen seltenen Bäumen angelegt und ist nach der Tochter des Gründers benannt. Nach ca. 1 km Wanderung ist man am **Rhenass Wasserfall** angelangt. Das Gelände mit dem vorgelagerten Landschaftsgarten ist sehr gepflegt. Es gibt große Rasenflächen, Rhododendronbüsche, seltene Bäume, dazu einen Spielplatz, Bänke, eine kleine Brücke über den Fluss, öffentliche Toiletten.
Leider gibt es keine Möglichkeit mehr zur Rast.

Das Glen Helen Hotel mit Restaurant wie auch das Swiss House haben dauerhaft geschlossen. In der TT-Zeit bietet zumindest ein Imbisswagen Getränke und Snacks während der Rennen an.

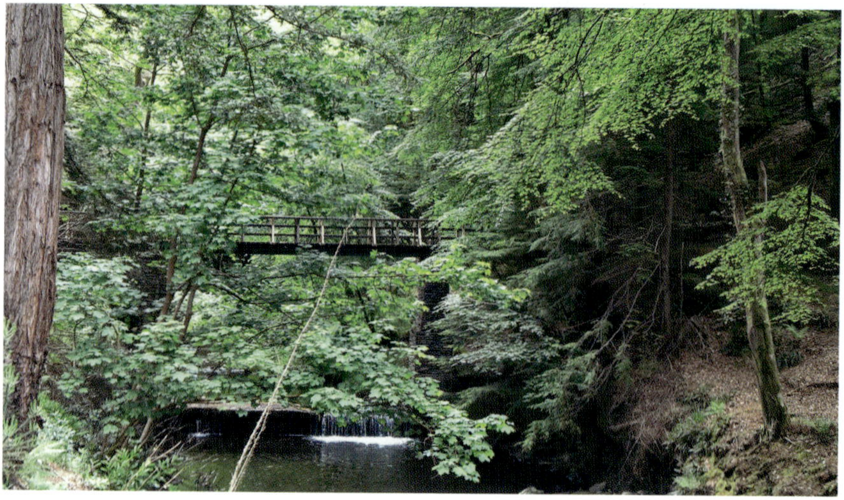

Glen Helen

Glen Maye

(siehe **In den Westen**, Seite 83)

Groudle Glen

(siehe **In den Norden**, Seite 88)

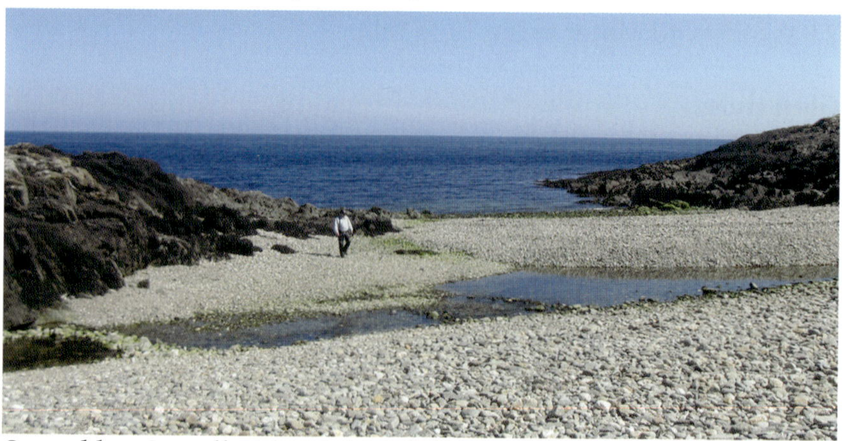

Strand bei Groudle Glen

Port Soderick Glen

Dieser Glen liegt ca. 6 km südwestlich von Douglas. Einige Zeit liegen Glen und die Isle of Man Steam Railway parallel, es gibt eine steinerne Unterführung, der Glen ist aber relativ unspektakulär. Viel beeindruckender ist der Marine Drive in unmittelbarer Nähe, siehe **In den Süden,** Seite 63.

Laxey Glen

Im Zentrum von Laxey in der Nähe der Baldhoon Road (s. a. Spritz-Tour, Glen Roy, Seite 109) liegt dieser Glen, der mit seinem See, Spielplatz, Cafè und Restaurant besonders beliebt ist. Gut anzufahren mit der Electric Railway bis Laxey Station und dann zu Fuß weiter.

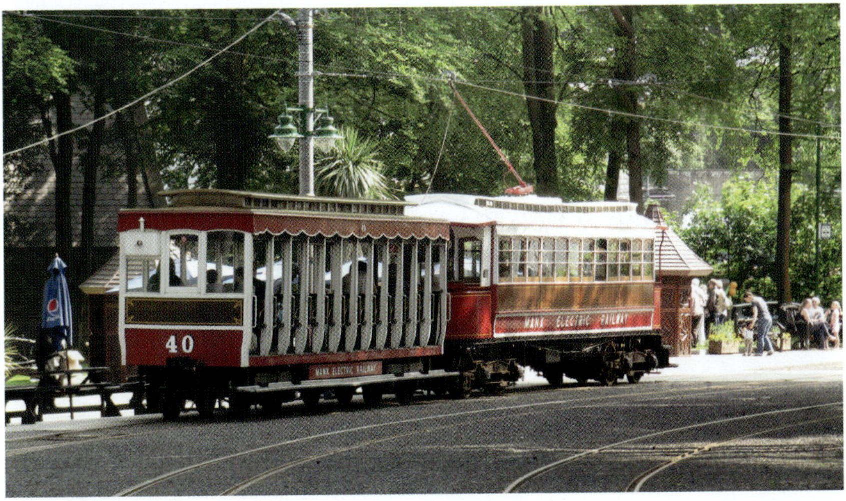

Laxey Station

Silverdale Glen

Nördlich von Ballasalla ist dieser Glen zu finden, der einiges an Freizeitaktivitäten bietet.

Das Gebäude der früheren **Cregg Mill** wurde in ein **Craft Centre** umgestaltet. Auf dem ehemaligen Mühlensee kann man gemächlich Boot fahren. Es gibt ein mit Wasserkraft betriebenes

Karussell, einen Spielplatz, ein ansprechendes Restaurant mit Spezialitäten wie Manx Eis, Scones oder Muffins.
Wer möchte, kann zur Monk's Bridge oder zur Rushen Abbey wandern (s. a. Seite 69 und 115).

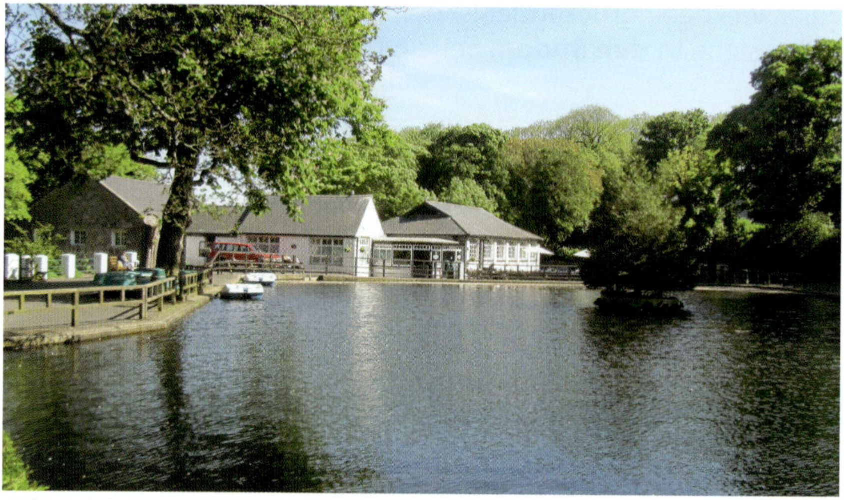

Silverdale Glen

Sulby Glen/Tholt-y-Will Glen

(siehe **Durch die Berge**, Seite 103)

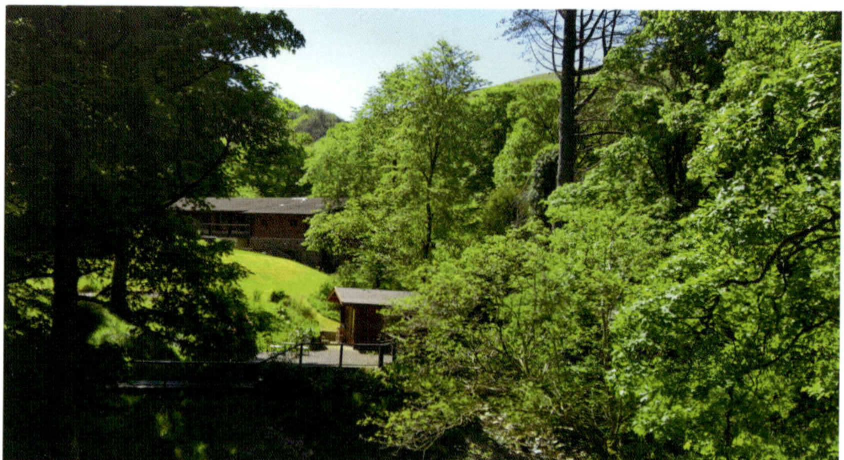

Tholt-y-Will Glen

Noch ein paar Routen...

Eine Route, die wohl jeder Besucher mindestens einmal auf dem Programm hat, ist das Umfahren des kompletten TT-Kurses. Dazu benötigt niemand eine Beschreibung, die Strecke ist einfach nicht zu verfehlen.

Einen schönen Tag garantiert auch die Idee, die Insel auf den Küstenstraßen zu umrunden. Es bieten sich unzählige Fotomotive mit schroffen Felsen, steilen Klippen, Sandstränden, türkisfarbenem Wasser und vielem mehr.

Wer schmale Straßen liebt, ist mit dem Vorschlag gut beraten, alle kleinen Wege innerhalb des Kurses je nach Lust und Laune abzufahren. Das ist zum Beispiel auch möglich während die Rennstrecke gesperrt ist, wenn man rechtzeitig im Kursinneren ist. Es gibt ungewöhnliche Dinge zu entdecken, wie zum Beispiel kleine Bäche, die quer über die Straße fließen und beim Durchfahren eine kostenlose Motorwäsche bieten.

Liebe Leser, mit diesen Routenvorschlägen haben Sie vieles - aber nicht alles - von der Insel gesehen. Gehen Sie auf Entdeckungsreise. Es gibt immer wieder Neues zu er-fahren.

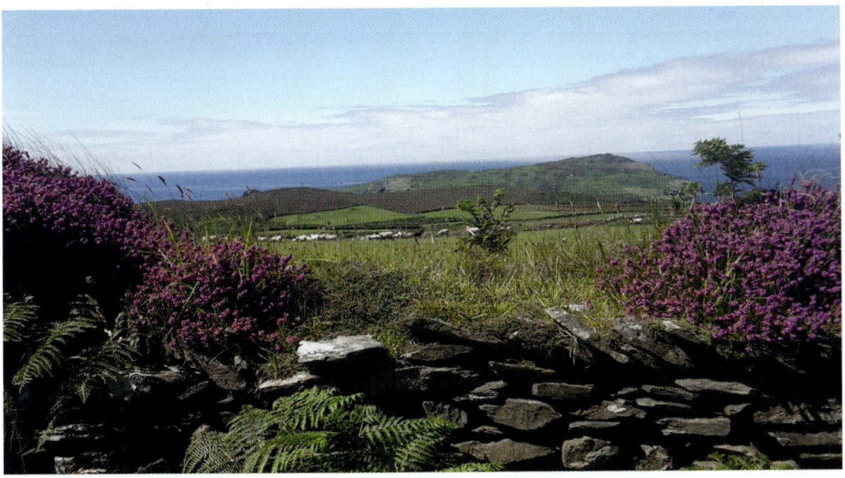

Historische Eisenbahnen

Die Isle of Man ist nicht nur ein Motorradfahrer Mekka, auch Liebhaber **historischer Eisenbahnen** kommen hier auf ihre Kosten.

Von **Douglas nach Port Erin** verkehrt in den Sommermonaten täglich die **Steam Railway**. Die erste Dampfeisenbahn wurde 1873 in Betrieb genommen. 1965 wurde die Linie geschlossen, weil die Betreiber nicht das Geld für die notwendigen Reparaturen aufbringen konnten. Mit Unterstützung des Manx Government wurde sie einige Jahre später erneut gestartet und erfreut uns heute mit ihren historischen Wagen und einer gehörigen Portion Nostalgie. Wer sich eine Fahrt mit der Steam Railway gönnt, sollte nicht versäumen, sich das ungewöhnliche Fensteröffnungssystem im Zug anzuschauen. Es funktioniert genau wie die Scharniere der Zugtüren durch stabile Lederriemen.

Die Linie der **Manx Electric Railway**, um 1900 in Betrieb genommen, führt von **Douglas nach Laxey und Ramsey**. Die Sicht über die Felsenküste hinweg ist phantastisch. In Laxey kann man in die **Snaefell Mountain Railway** umsteigen und gemütlich zum höchsten Punkt der Insel, dem 621 Meter hohen **Snaefell** fahren. Bei klarer Sicht sieht man hier, genau wie am Point of Ayre, die fünf Königreiche Schottland, England, Irland, Man und das Himmelreich.

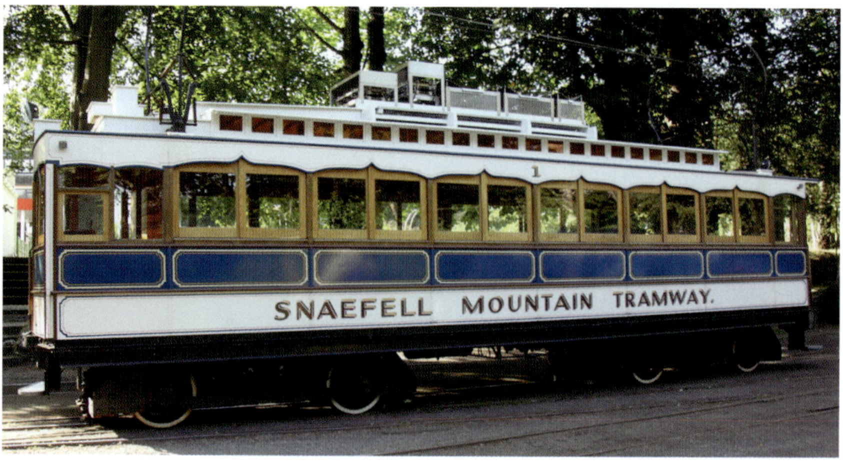

Weitere Sportarten

Entgegen der landläufigen Meinung hat sich die Isle of Man nicht nur auf Motorsport eingestellt. Sie finden auch andere Sportarten in Hülle und Fülle.

Es gibt acht **Golfplätze** auf der Insel, davon sieben 18-Loch-Plätze und ein 9-Loch-Platz.

In Douglas in der Groves Road (Nähe Quarter Bridge) gibt es das **NSC National Sports Centre**, ein Sportzentrum mit angeschlossenem Schwimm- und Fun-Bad einschließlich einer Fitnesszone und Schnellrestaurant.

Auch **Wandern** ist auf der Insel ein wichtiger Freizeitpunkt. Wer mag, kann die komplette Küste auf der **Raad ny Foillan (Straße der Möwen)** zu Fuß erobern. Der 95 Meilen lange Wanderweg wurde 1986 geschaffen und ist in verschiedene Abschnitte unterteilt, die zum Wandern oder auch zum Spazierengehen einladen.

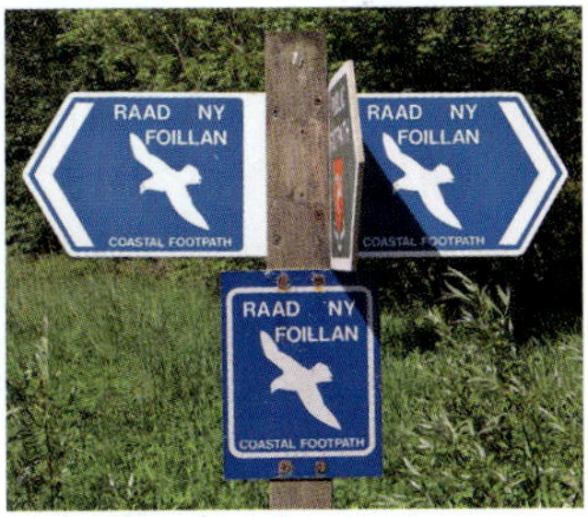

Straße der Möwen

Der **Millennium Way** ist ein 28-Meilen-Wanderweg quer über die Insel. Die Route startet in Castletown und endet in Ramsey. Der Name bezieht sich auf das 1000-jährige Bestehen des Tynwald Parlamentes 1979, weil dieser Wanderweg im gleichen Jahr angelegt wurde.

Bei der Tourist Information im Hafengebäude in Douglas ist ein nützliches Faltblatt zu allen Wanderwegen auf der Insel erhältlich.

Weitere sportliche Angebote sind Hochseefischen, Segeln, Tauchen, Tennis oder Urlaub mit dem Fahrrad. Ein Besuch auf der Insel lohnt sich auf jeden Fall auch außerhalb von TT und MGP.

Reiseinformationen

Fährverbindungen

(Alle Tarife Stand 2017)

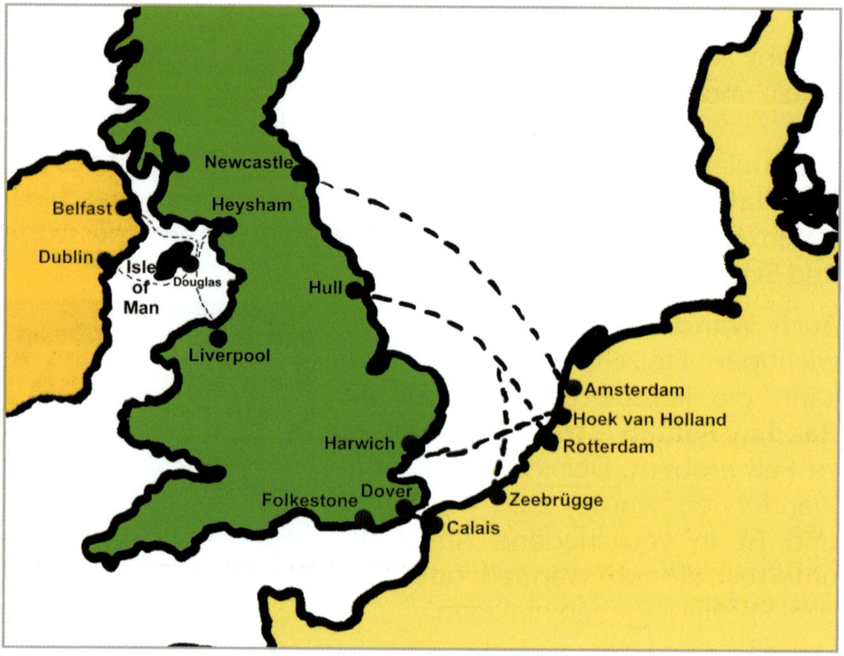

Fährkosten im Überblick

Hin- und Rückfahrt für 1 Person inkl. Motorrad
Ca.-Preise: Stand 2017

Fähre Kontinent - England	525 Euro
Fähre England - Isle of Man	300 Euro
Zwischensumme	825 Euro
zusätzl. Abend-/Frühstücksbuffet	+ 65 Euro
Gesamtsumme	890 Euro

Detaillierte Preisinformationen siehe nachstehendes Kapitel.

Ideale Reiserouten

Es gibt **zwei ideale Reiserouten** für die Strecke vom Kontinent nach England. Die P & O Ferries fährt von Rotterdam/Holland oder Zeebrügge/Belgien nach Hull. Die DFDS Seaways fährt von Amsterdam-Ijmuiden nach Newcastle. Beide Fährgesellschaften liegen preislich ungefähr gleich. Die **Hin- und Rückfahrt für eine Person** in der günstigsten Kabinenklasse kostet **einschließlich Motorrad ca. 525 Euro**. Nach oben sind preislich keine Grenzen gesetzt, abhängig von der gewählten Kabinenausstattung.

Da mittlerweile jede Fährlinie unterschiedliche Rabatte anbietet, empfehle ich, sich vor jeder Buchung nach Frühbuchertarifen, Autosparpaketen, Kurzreisepauschalen oder Internetrabatten zu erkundigen.

Rotterdam - Hull / Zeebrügge - Hull

Überfahrt mit P & O Ferries

www.poferries.com

Den kürzesten Anfahrtsweg für eine Übernachtfähre nach Mittelengland hat man von Deutschland aus meistens nach **Rotterdam** oder **Zeebrügge**, wo es mit der P & O Ferries nach Hull geht. Die Fähren legen täglich um 20:30 Uhr ab und sind am nächsten Tag um 8:00 Uhr in Kingston-upon-Hull.
Zum Fährpreis kann man bereits im Reisebüro das **Abend- und Frühstücksbuffet für ca. 65 Euro** mitbuchen. Kauft man den Gutschein erst auf dem Schiff, bedeutet das, anstehen, zahlen und dann erst essen gehen. Diesen Umweg kann man sich mit der Vorausbuchung sparen. Für Leute mit nur „kleinem Hunger" sind Sandwiches oder Hot Dogs in der Snackbar erhältlich.
Weil die Anreise zur IOM über Rotterdam so beliebt ist, hier noch ein paar Eindrücke zum Hafen: Wenn man zum ersten Mal das Schild „Rotterdam" sieht, kommt Freude auf. Jetzt ist es bald geschafft - denkt man. Vorsicht! Durch Rotterdam und den Hafen fährt man endlos lange. Sobald das Schild **Europoort** auftaucht, immer diesen Wegweisern folgen (A15 bis zum Ende). Im Hafen-

bereich immer Richtung „Engeland" fahren. Man bekommt den Eindruck, dass der P & O Ferries-Bereich im hintersten Winkel des „Europoort" liegt, eine halbe Stunde dauert es schon, bis man den Hafen durchfahren hat.

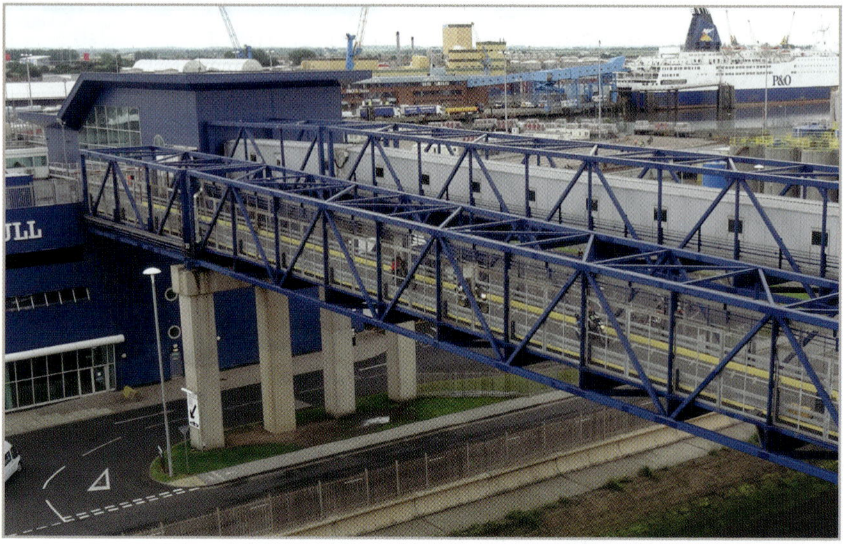

Hull - Einfahrt in die Fähre

Für die Rückfahrt ab Hull hält man sich am besten an folgende Beschilderung: Erst Richtung „Docks", dann „King George Dock", dann „P & O Ferries".

Die Fahrt nach Rotterdam oder Zeebrügge ist eigentlich von jedem Punkt Deutschlands aus an einem Tag zu schaffen, auf der Fähre kann man **nachts bequem in einer Kabine schlafen** und nach einem opulenten Frühstück ausgeruht die ca. 250 km von Hull nach Heysham oder Liverpool in Angriff nehmen.

Bis man in Hull englischen Boden betritt, den Tank gefüllt hat und sich auf den Weg macht, ist es ca. 9:00 Uhr. Das gestattet sogar noch ein bis zwei kurze Pausen, um rechtzeitig um 13:00 Uhr zur „loading time" in Heysham am Ziel zu sein.

Amsterdam-Ijmuiden - Newcastle

Überfahrt mit DFDS Seaways

www.dfdsseaways.de

Mit der **DFDS Seaways** gibt es eine Verbindung von **Amsterdam** nach **Newcastle**. Diese liegt preislich mit **ca. 500 Euro für eine Person und Motorrad** ziemlich gleich mit der P & O. Auch hier hat man **Schlafkabinen** und kommt am nächsten Tag ausgeruht an. Ein **Abend- und Frühstücksbuffet für ca. 50 Euro** kann man ebenfalls mitbuchen. Je nach Ausgangsort in Deutschland kann die Anfahrt nach Amsterdam etwas länger sein als die nach Rotterdam oder Zeebrügge.

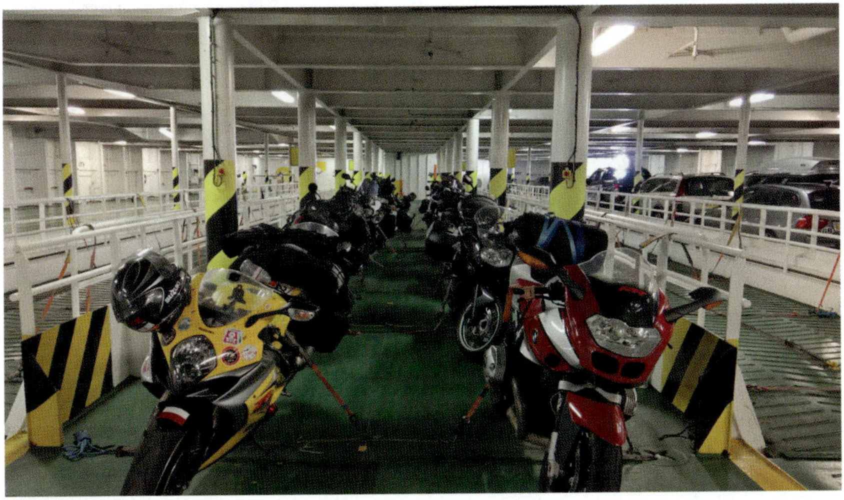

Sicher geparkt und verzurrt

Die Abfahrt ist um 17:30 Uhr in Amsterdam-Ijmuiden, Ankunft in Newcastle um 9:00 Uhr am folgenden Tag. Dann geht es mit dem Bike auf die ungefähr 200 km lange Strecke von Schottland nach Heysham. Die Zeitspanne reicht aus, um die 14:00 Uhr-Fähre zur Isle of Man zu erreichen, aber lange Pausen sind nicht zu empfehlen. Jeder, der mit dieser Fähre nach Schottland kommt, schwärmt von der deutlich schöneren Landschaft auf der Fahrt nach Heysham, als das von Hull aus der Fall ist.

England - Isle of Man
Überfahrt mit IOM Steam Packet

www.steam-packet.com

Die Überfahrt von England zur Isle of Man kann von **Heysham** oder **Liverpool** aus erfolgen. Die Fähren der Isle of Man Steam Packet Company legen gegen 14:00 Uhr in Heysham oder 18:00 Uhr in Liverpool ab und brauchen ca. 3,5 Stunden zur Insel.

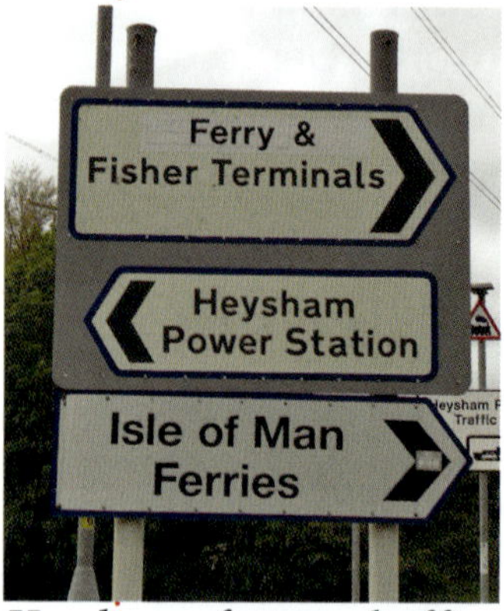

Heysham - fast geschafft...

Hier einige Details zur **Heysham-Anfahrt:** Ab der Autobahnausfahrt (M6) die Landstraße Nr. 683 Richtung Heysham fahren (ca. 12 km). Der Verkehr ist meist sehr dicht - auch am Wochenende - deshalb dauert die Fahrt ab der Ausfahrt ungefähr eine halbe Stunde, bis man den Hafen erreicht. Die Ausschilderung ist gut.

In **Liverpool** ist die Anfahrt zum Hafen ebenfalls gut ausgeschildert.

Der **Preis für eine Person einschließlich Motorrad** beträgt für die **Hin- und Rückfahrt 250 £ (ca. 300 Euro)**, der Beifahrer zahlt 100 £ (ca. 120 Euro).

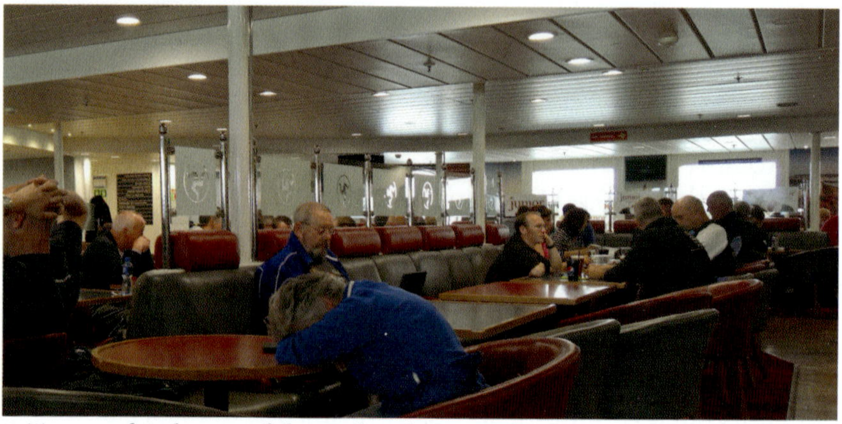

2 Tage auf Achse, auf der Fähre kommt die Müdigkeit

Von Heysham aus kommt man auf der IOM gegen 18:00 Uhr an, so dass man in Ruhe sein (im voraus gebuchtes) Quartier suchen oder auf dem Campingplatz das Zelt aufbauen kann.

Je nach Lage des Quartiers kann es passieren, dass man mitten in einen Trainings- oder Rennlauf gerät und warten muss, bis die Strecke wieder geöffnet wird, weil die Rennen ja auf einem reinen Straßenkurs stattfinden. Ich möchte an dieser Stelle an die **Access Road** erinnern (siehe Seite 23), die in diesen Fällen sehr hilfreich sein kann.

Weitere Reiserouten: Kontinent - England

Calais - Dover

Überfahrt mit P & O Ferries, www.poferries.com
Überfahrt mit DFDS, www.dfdsseaways.de

Die bekannteste Fährverbindung vom Kontinent nach England ist sicher die Route **Calais - Dover**. Das bedeutet zwar günstige Tarife für die Überfahrt, aber auch ca. 530 km Fahrt von Dover nach Liverpool oder Heysham. Im Vergleich zur idealen Anreise über Rotterdam/Zeebrügge ist das ein Vielfaches an zu fahrenden Kilometern (einfache Strecke ca. 300 km mehr), bis man in Liverpool oder Heysham angekommen ist. Zu berücksichtigen sind nicht nur **Mehrkosten an Benzin**, sondern eventuell auch noch eine **Zwischenübernachtung** in England. Auch die Anreise von Deutschland nach Calais kann mehr Kilometer beinhalten als die Anreise nach Rotterdam.

Nicht zu vergessen ist, dass man auf den Übernachtfähren von Rotterdam, Zeebrügge oder Amsterdam in einer Kabine schlafen kann. Man kommt ausgeruht in England an und hat dann noch gute 200 km Fahrt vor sich bis Heysham. Bei den Destinationen im Bereich von Dover sind nach 1 bis 2 Stunden Pause auf dem Schiff oder im Zug noch 530 km selbst zu fahren bis Heysham.

Hoek van Holland - Harwich

www.stenaline.de

Selbstverständlich kann man für die England-Überfahrt auch Fähren nutzen, die von **Hoek van Holland nach Harwich** (oberhalb Londons an der Ostküste) fahren. Hier gelten für mich die gleichen Vorbehalte, wie für die Calais-Dover-Verbindungen. Die Strecke durch England ist sehr lang, der Zeitdruck groß. Verpasst man die gebuchte Heysham- oder Liverpool-Fähre, wird man auf einer der nächsten Fähren „stand by" eingebucht, also nur befördert, wenn noch Platz frei ist.
Guten Gewissens kann ich diese Fähren nur empfehlen, wenn mindestens zwei Tage für die Anreise innerhalb Englands zur Isle of Man eingeplant sind, ebenso für die Abreise, sonst überwiegt der Stress.
Eine Ausnahme, aber doch nicht so selten: Wenn TT-Fans die Isle of Man-Fähre von England aus nicht zum Wunschtermin buchen können, kann die **Anreise** auch schon einmal **über Irland** erfolgen. Von Dublin oder Belfast zur Isle of Man sind die Fähren nicht ganz so voll, so dass diese Anreisemöglichkeit durchaus genutzt wird (Überfahrten nicht täglich).

Weitere Reisearten

AUTOREISEZUG Le Shuttle: Calais - Folkestone

www.eurotunnel.com

Wer sich eine komplette Schiffsreise sparen will (es soll Leute geben, die werden beim bloßen Anblick eines Schiffes schon seekrank), der benutzt **Le Shuttle**, den **Autoreisezug** zwischen Calais und Folkestone. Für Motorräder sind spezielle Halterungen für sicheren Stand im Zug verfügbar.
Während der 35 Minuten dauernden Zugfahrt bleibt man zudem im Abteil, in dem das Motorrad steht. Tickets können im Reisebüro, aber auch am Zug gekauft werden. Bei Bedarf fahren diese bis zu viermal in der Stunde.

FLUG-Verbindungen

Natürlich ist die Isle of Man auch per Flugzeug erreichbar. Von Deutschland aus fliegen Sie vorzugsweise nach London oder Manchester, aber auch Flüge nach Birmingham, Glasgow, Liverpool oder Newcastle sind möglich, von dort dann zum Inselflughafen Ronaldsway, der 15 km von Douglas entfernt liegt. Die Flugzeit beträgt, abhängig vom jeweiligen englischen Abflughafen, zwischen 40 und 80 Min.

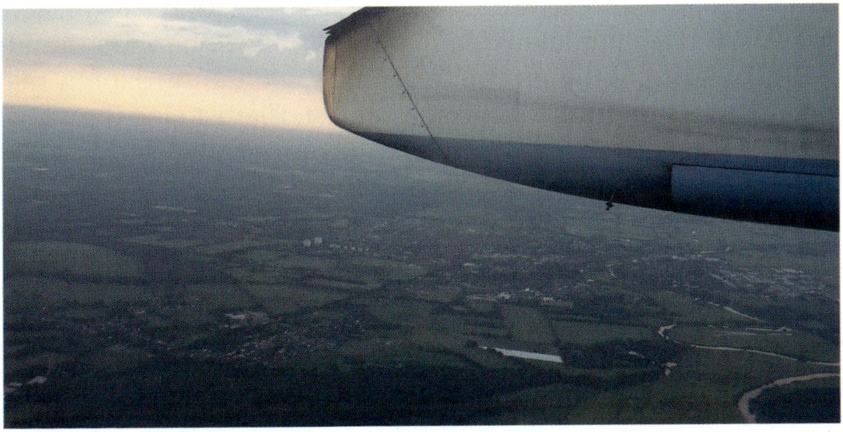

Anflug zur Trauminsel

Ein Flug von Manchester zur Isle of Man kann preislich günstiger sein als ein Trip über London. In London müssen Sie eventuell auch noch den Flughafen wechseln, bevor es zur Insel weitergehen kann (Zusatzkosten!). Als Anhaltspunkt nenne ich hier ca. 500 Euro für einen komplett gebuchten Flug von Frankfurt/Main nach Ronaldsway/Isle of Man über London. Wer frühzeitig bucht oder mit einem Billiganbieter nach London fliegt, kann seine Reisekosten senken. Es lohnt aber in jedem Fall ein Preisvergleich zwischen den einzelnen Zielflughäfen in England. Auch ein Flug nach Dublin ist möglich und von dort zur IOM.

Isle of Man Airport
Ronaldsway, Tel. 821 600
www.iom-airport.com

Wann und wie wird gebucht?

Man muss wissen, dass die Kapazität der Isle of Man-Fähren und der Hotels, Gästehäuser, sowie der privaten Unterkünfte für den TT-Zeitraum begrenzt ist. Besucher, die ganz sicher gehen wollen Fähre und Unterkunft nach Wunsch zu bekommen, buchen grundsätzlich ein Jahr im voraus.

Der späteste Termin für eine wunschgemäße Buchung zur Tourist Trophy ist meiner Ansicht nach im Sommer/Herbst des Vorjahres. Ausnahmen bestätigen die Regel: Wenn TT-Jubiläen anstehen, schnellen die Frühbuchungen nach oben. Da die TT 1907 das erste Mal ausgetragen wurde, werden in Jahren mit einer 7 am Ende runde Jubiläen gefeiert. Hier ist eine Buchung ein Jahr im voraus dringend zu empfehlen.

Auch die Fähren vom Kontinent nach England sollte man früh genug buchen. Das TT-Ereignis fällt meistens in die Pfingstferienzeit und viele Familien sind dann ebenfalls unterwegs.

Für das **Festival of Motorcycling** mit **Manx Grand Prix** und **Classic TT** gilt diese frühe Buchungszeit (noch) nicht, doch immer mehr Inselfans fahren statt zur TT zum MGP. Vielen Familien mit Kindern passt der Termin im August/September besser, das Wetter ist beständiger und der Trubel auf der Insel etwas weniger. Eine Buchung ungefähr vier bis sechs Monate vor dem Termin dürfte ausreichen.

Buchung über Reiseveranstalter

Da viele Reisebüros in Deutschland nicht einmal wissen, wo die Isle of Man liegt, empfiehlt sich die Buchung von Fähren und Hotel oder Campingplatz über die Reisevermittlung **Travelling Britain GmbH**, Ehrenbergweg 24, 32760 Detmold, Tel. 05231-570073. Tim Bennett kann alle Reiseträume erfüllen, vorausgesetzt, Sie melden sich früh genug an.

www.travelling-britain.com

Für Interessenten, die die lange Reise nicht alleine, sondern in einer Gruppe antreten möchten, ist die Buchung über einen Motorradreisen-Veranstalter zu empfehlen. Entsprechende Adressen finden Sie in den Motorradmagazinen oder im WWW.

Direktbuchung

Direktbuchung heißt, die Fähren selbst bei den Fährgesellschaften zu buchen (vom Kontinent nach England und von England zur Isle of Man) und sich selbst ein Hotel oder Apartment auf der Insel zu suchen.

Wer die Unterkunft direkt buchen möchte, dem empfehle ich den jährlich erscheinenden **Isle of Man Visitor Guide** (in englischer Sprache) vom Department of Economic Development.
www.visitisleofman.com

Diese Broschüre beinhaltet viele nützliche Informationen und eine detaillierte Übersicht über Hotels, Gästehäuser und Apartments. Sie ist in gedruckter Form erhältlich, steht aber auch als **Download** unter **www.visitisleofman.com** zur Verfügung.

Direktbuchungen können sehr viel Zeit in Anspruch nehmen: Sie müssen bei den einzelnen Hotels (nicht bei der Tourist Information) telefonisch oder per Mail anfragen, ob und wann noch Zimmer frei sind, anschließend müssen die Termine mit den Fährbuchungen abgestimmt werden. Preisaufschläge auf die im Isle of Man Visitor Guide angegebenen Hotelpreise sind während TT und MGP üblich.

Sie sollten auch beachten, dass viele Hotels während der Wintersaison geschlossen und dann nicht erreichbar sind.

Voraussetzung für alle Direktbuchungen ist, dass Sie sich halbwegs in Englisch verständlich machen können, es spricht kaum jemand Deutsch.

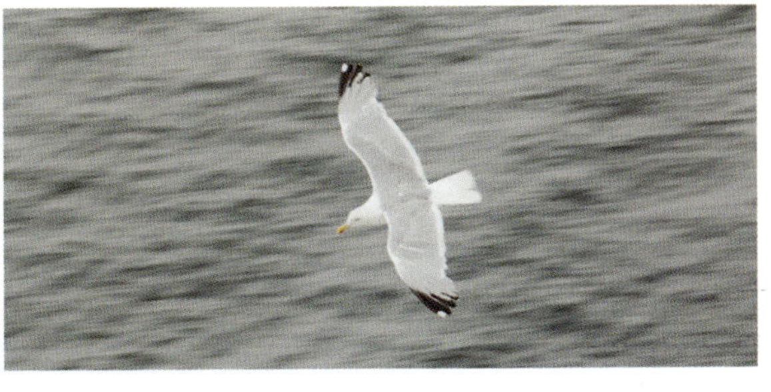

Übernachtung

Hotels und Gästehäuser

Die Isle of Man ist eine Ferieninsel, die vor allem bei Engländern beliebt ist. Deshalb gibt es selbstverständlich ausreichend Hotels - wenn nicht gerade TT ist! Bei einigen 10.000 Besuchern ist klar, dass das eigene Zimmer frühzeitig gebucht werden muss (s. a. Seite 132, Wann und wie wird gebucht). Wer sich rechtzeitig darum kümmert, kann noch auswählen, ob er lieber ein ruhiges Quartier oder mitten im TT-Trubel übernachten möchte. Eine Unterkunft in Douglas garantiert Spaß im Zentrum der TT, aber auch die anderen Städte wie Laxey, Ramsey oder Peel bieten einiges an Unterhaltung - Tag und Nacht.

Während des Manx Grand Prix ist die Zimmerbuchung (noch) nicht so schwierig. Wer ca. vier bis sechs Monate vorher bucht, bekommt die gewünschte Unterkunft.

Hotels gibt es von sehr komfortabel bis ganz einfach, die preislich erschwinglichen sind naturgemäß früher ausgebucht als die Exklusivklasse.

Wer ein gewisses Maß an Komfort möchte, sollte mindestens ein Hotel mit der Bewertung 3 Sterne buchen. Der englische Standard hinkt dem deutschen in dieser Hinsicht etwas hinterher.

Neben den Hotels gibt es noch **Gästehäuser** (Guesthouses), die meist familiärer und preislich etwas günstiger sind.

Apartments / Ferienhäuser (Self Catering)

Auf der Insel stehen viele Apartments oder **Ferienhäuser** (Self Catering) zur Verfügung, in denen man sich selbst verpflegen und frühstücken kann, wann man möchte (in den Hotels gibt es meistens feste Frühstückszeiten zwischen 8 und 10 Uhr morgens). Auch hier rate ich zu einem Self-Catering, das mit mindestens 3 Sternen bewertet ist.

Bed & Breakfast

Bed & Breakfast, diese praktische englische Erfindung, finden Sie auch auf der Isle of Man. Seien Sie aber bitte nicht so naiv zu glauben, dass es noch freie Betten gibt, wenn Sie ohne Vorbuchung auf die Insel kommen. Es geht das Gerücht, dass B & B-Zimmer „vererbt" werden. Das heißt, entweder kommen seit Jahren die gleichen Motorradfahrer oder sie geben die Buchung an Freunde weiter, wenn sie selbst nicht zur TT fahren können.

Eine winzige Chance auf B & B gibt es am Jahresanfang noch über die **Homestay List** (Privatvermietungen). Früher wurde diese vom Department of Tourism herausgegeben. Nun ist sie abrufbar über
www.iomttbreaks.com
Hier muss man jeden Anbieter einzeln kontaktieren. Da die Liste nicht ständig aktualisiert wird, hört man trotzdem oft „sorry, no vacancies" (leider nichts mehr frei).

Ca.-Preise pro Person & Nacht
(Stand 2017)

Hotel, Guesthouse, B & B oder Self-Catering

Einfache Unterkunft	ab 50 Euro
Mittelklasse	zwischen 50 und 150 Euro
Exklusivklasse	ab 150 Euro ohne Obergrenze

Buchungen sind möglich über

www.travelling-britain.com (Travelling Britain, Detmold)
www.visitisleofman.com (Isle of Man Visitor Guide)
www.iomttbreaks.com (Homestay List)
Hotline: 0044-1624-694456
www.bedandbreakfast.com/de
www.holidaylettings.co.uk
www.booking.com
www.tripadvisor.de u.a. Reiseportale im Internet

Campingplätze

Für viele Inselbesucher ist es eine Preisfrage, für manche eine Notlösung (kein Hotel gefunden), für andere eine Weltanschauung: das Campen. Es ist vielleicht die beste Art, mit anderen Motorradfahrern in Kontakt zu kommen, am abendlichen Lagerfeuer die Eindrücke auszutauschen, zu fachsimpeln.

Trailer-Caravans, d. h. Autos mit Wohnwagen, werden von der Fährgesellschaft nicht zur Insel befördert (ausgenommen mit Sondergenehmigung der Regierung), **nur Wohnmobile** (Motorcaravans) sind auf der Insel zugelassen.

Die **Campingpreise** liegen im Durchschnitt zwischen 10,00 und 20,00 Euro pro Person/Nacht. Teilweise kommt eine Tagesgebühr für das Motorrad hinzu. Die Standgebühren für PKW oder Wohnmobil liegen höher und sollten beim Campingplatz direkt erfragt werden. Bei dieser Reiseart empfiehlt sich eine Vorausreservierung des Standplatzes, wobei dieses bei Zelt-Übernachtungen nicht unbedingt erforderlich, aber für die TT-Woche doch sicherer ist.

Der bekannteste Campingplatz in Douglas hinter Start und Ziel steht während der TT-Zeit nicht zur Verfügung. Er bleibt für Fahrer und Helfer reserviert.

Dafür wird eine **Containerstadt** neben dem Fahrerlager angeboten. Dieser Platz liegt sehr zentral, ist aber nur zu empfehlen, wenn man nichts gegen kurze Nächte einzuwenden hat.

Im Fahrerlager wird bis nachts an den Maschinen gearbeitet und auch morgens geht es früh los mit der Vorbereitung der Rennmaschinen. Wer 8 Stunden Schlaf braucht, ist hier verkehrt untergebracht.

Campingplätze - in der Sommersaison geöffnet

Lower Ballacottier, Onchan

Tel. 675687, Mobil: 07624-479712 oder 487161

1/2 Meile von Hillberry Corner an der Access Road in ländlicher Umgebung. Toiletten, Waschbecken, Münztelefon, Strom, kleiner Laden auf der Farm. Auch für Motorcaravans zugelassen. Ganzjährig geöffnet. 100 Plätze / 5 Wohnmobile

Quarry Road Campsite, New Road, Laxey
Tel. 862623 (während der Bürozeiten), Mobil: 07624-499281
Der Campingplatz liegt in der Nähe der Durchgangsstraße und dem Stadtzentrum, 1 km vom Strand entfernt. Vorhanden sind Toiletten, Waschbecken, Duschen, Kochgelegenheiten und Strom. 20 Plätze / 8 Wohnmobile
www.laxey.org

Glenlough Farm Campsite, Union Mills
Tel. 822372, Mobil: 07624-454926
Dieser Campingplatz auf der Glenlough-Farm liegt am TT-Kurs an der A1, ca. 3 Meilen von Douglas entfernt. Vorhanden sind Toiletten, Waschbecken, Duschen.
Ein kleiner Laden, in dem auch Farmerprodukte verkauft werden, ist während der TT geöffnet, ebenso gibt es Essen zum Mitnehmen. 350 Zelte / 15 Wohnmobile

Peel Camping Park, Derby Road, Peel
Tel. 842341 (während der Bürozeiten)
Der Platz liegt in der Nähe der Hauptstraße und des Zentrums; alle Läden, Pubs etc. sind gut erreichbar. Vorhanden sind Waschräume mit Duschen, Waschbecken, Toiletten (neues Gebäude), separate Dusche und Toilette für Behinderte, Wasch- und Trockenraum, TV-Raum. 80 Zelte / 15 Wohnmobile
www.peelonline.net

Glen Wyllin Campsite, Main Road, Kirk Michael
Tel. 695701
Vorhanden sind behindertengerechte Toiletten und Duschen, Waschmaschinen, TV-Raum, kleiner Laden und Spielplatz. Es gibt sogar die Möglichkeit, voll ausgestattete Zelte zu mieten (Broschüre anfordern). Während der Streckensperrung aus südlicher Richtung anzufahren. 90 Zelte /42 Wohnmobile.

Cronk Aashen Farm Campsite, Kirk Michael
Tel. 878305
Campingplatz in der Nähe des TT-Kurses, 2 Meilen von Kirk Michael entfernt. Toiletten/Duschen, Benutzung von Kühl- und Gefrierschrank möglich, Trockner, Wasch- und Spülmaschine.

Küche, Aufenthaltsraum, Grill. 30 Plätze / 16 Wohnmobile
www.cronkaashen.co.uk

Ballaspit Farm Campsite, Patrick Road, St. John's
Tel. 842574
Fließend Kaltwasser, Toilette, Parkplätze. 20 Plätze

Crossags Campsite, Lezayre Road, Ramsey
Tel. 816099, Mobil: 07624-263800
Der Campingplatz im Besitz der Kirche bietet folgende Möglichkeiten: Kochgelegenheiten, Duschen, Toiletten, Aufenthaltsraum, öffentliches Telefon. 75 Zelte / 5 Wohnmobile
www.crossags-iom.com

Campingplätze - nur während der TT geöffnet:
Noble's Park Campsite, Douglas
Tel. 696330.

Glendhoo Campsite, Onchan
Tel. 621254
Dieser Campingplatz ist 2 1/2 Meilen von der Douglas Promenade entfernt. Der Eingang befindet sich in der Nähe der Kreuzung Cronk ny Mona an der A18 und dem TT-Kurs.
Während der Streckensperrung über die „Access Road" anzufahren. 40 Plätze. Nur während TT und MGP geöffnet
www.glendhoo.com/page2.html

St. John's United Football Club, Mullen-e-Cloie, St. John's
Tel. 801733. 100 Plätze, auch während des Manx Grand Prix geöffnet.
www.stjohnsfootballclub.com

St. Georges AFC Campsite, Glencrutchery Road, Douglas
www.stgeorgesafc.co.uk

TT Campsite Cronkbourne, Victoria Road, Douglas
www.isleofmanttcamping.com

Old Boys Football Club, Blackberry Lane, Douglas
Tel. 493848 oder 0044-7624-481818 (Funktelefon)

Union Mills Football Club, Ballaoates Road, Braddan
www.umfc.tv

TT Campsite, Quarterbridge
www.douglasrufc.com

AFC Campsite, Glen Road, Laxey
www.laxey.org

Braddan Bridge TT Campsite, Douglas

Ballamoar Campsite, Ballamoar Farm, Ballaugh

Trackside TT Camping, Kirk Michael

Peel Football Club, Douglas Road, Peel

Silly Moos Campsite, Ballakillingan Farm, Churchtown/Lezayre (Nähe Ramsey)
www.sillymooscampsite.co.uk

Ramsey AFC Ballacloan Stadium, Ramsey
Tel. 814370. 100 Plätze.

Viele Plätze (u.a. auch mit voll ausgestatteten Mietzelten) sind im voraus zu buchen unter
www.iomttbreaks.com

Serviceteil

Essen & Trinken

Bier

„One Pint of Lager (Bitter, Guinness), please“, so bestellt man korrekt sein Bier (1 Pint = 0.57 l). Für den kleinen Durst gibt es auch „half pints“. Ungewöhnlich - aber typisch englisch - ist das randvolle Einschenken ohne jeglichen Schaum.
Die gebräuchlichsten Sorten sind:

- **Lager** - das „Export“ unter den englischen Bieren
- **Bitter** - Ein Ale-Bier, etwas dunkler in der Farbe als das Lager und, wie der Name schon sagt, herber.
- **Stout** - besser bekannt als Guinness oder Murphy's, das dunkle, irische Bier, schmeckt vom Faß (draught) erst wirklich gut.
- **Shandy** - eine Mischung aus Bier und Limonade und als Lager-Shandy oder Bitter-Shandy beliebt. Da das Bier anders als in Deutschland schmeckt, schmeckt Shandy auch anders als deutsches Radlerbier. Wer mag, sollte es probieren.

Zwei Brauereien sind auf der Isle of Man etabliert:
Bushy's (u.a. bekannt durch das TT Beer Tent in Douglas) und Okell's, die 2016 Gold für das beste Bier der Welt für ihr „Okell's Aile“ gewannen.
www.bushys.com
www.okells.co.uk

Frühstück

Wer hat noch nicht vom **Full English Breakfast** gehört, dem bekannten **Bacon & Eggs, Sausages**? Nach der üblichen Schale Cornflakes oder Müsli wird Folgendes serviert: Toast, Salzbutter, gebratener Schinken, Eier, Würstchen, Champignons, ein Stück gegrillte Tomate, eventuell eine Rösti-Ecke (Hash Brown) und gebratene Blutwurst (Black Pudding). Wer es mag, kann auch nach einem geräucherten Hering (Manx Kipper) fragen. Bei den Eiern hat man die Wahl zwischen Spiegeleiern (Fried Eggs), Rühreiern (Scrambled Eggs) oder gekochten Eiern (Boiled Eggs). Natürlich können Sie auch ein **Continental Breakfast** ordern, das nur aus Toast, Butter und Marmelade besteht.

Die **Brotsorten** sind in England sehr überschaubar. Ein herzhaftes Roggenbrot finden Sie nicht überall. Es gibt zwar „brown bread" und „white bread", dick oder dünn geschnitten, das ist für deutsche Zungen aber alles mehr ein Weißbrot. Mit Schwerpunkt auf gesunder Ernährung können Sie Brot mit Körnern kaufen, aber auch das schmeckt eher nach Weißbrot als nach Vollkorn.

Der Frühstücksspeck heißt **Bacon**. Er ist sehr mild und wird durch das Braten nicht so salzig wie deutscher Speck. Das Gegenstück zum Bacon ist **Ham**, der gekochte Schinken, der auf den Sandwiches zu finden ist.

Salzbutter ist sehr „englisch". Im Zuge der Globalisierung gibt es sie auch bei uns zu kaufen, ich muss also keine mehr mit nach Deutschland nehmen - manchmal tue ich es trotzdem. Wenn ich dann zuhause ein Päckchen „Salted Dairy Butter" von der „Isle of Man Creamery" auspacke, schmeckt die natürlich gaanz anders als die vom nächsten Supermarkt. Salzbutter schmeckt nicht nur in Kombination mit Marmelade sehr lecker, sondern auch zu Lachs, Räucherfisch, Schinken und Wurst. Es gibt aber auch ungesalzene Butter (unsalted) auf der Insel zu kaufen.

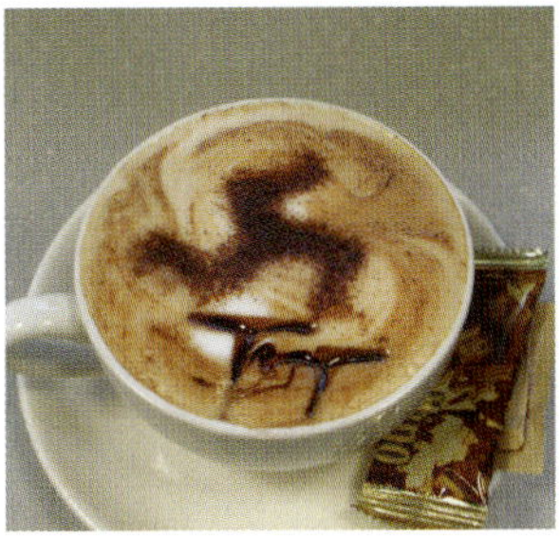

Tea or Coffee, das werden Sie bei jedem Frühstück gefragt. Die Kaffee-Kultur ist mittlerweile auch in typischen „Tee"-Ländern angekommen. Bis auf wenige Ausnahmen ist der Kaffee genießbar, oft sogar ausgezeichnet.
Es lohnt aber auch, den Isle of Man **Tee** zu probieren. Durch das weiche Wasser

schmeckt er anders als in Deutschland, aromatischer. Die Teebeutel (meist ohne Faden zum Herausnehmen) schwimmen in der Kanne. Wenn Ihnen die Teefarbe zusagt, fischen Sie die Beutel heraus, damit der Tee nicht zu bitter wird.
Manchmal wird der Tee auch nach der traditionellen Methode serviert, d. h. mit einer zusätzlichen Kanne heißen Wassers. Dann bleiben die Teebeutel in der Kanne, die Tasse wird nur teilweise mit Tee gefüllt (der dann sehr kräftig ist) und mit dem heißen Wasser verdünnt.
In den Hotels oder Privatzimmern steht meist in jedem Zimmer ein kleines Tablett mit allem, was zum Tee- oder Kaffeekochen nötig ist, so dass man schon vor dem eigentlichen Frühstück die Lebensgeister wecken kann. Auf Englisch nennt sich das zungenbrecherisch **Tea and Coffee Making Facilities**.

Hauptmahlzeiten

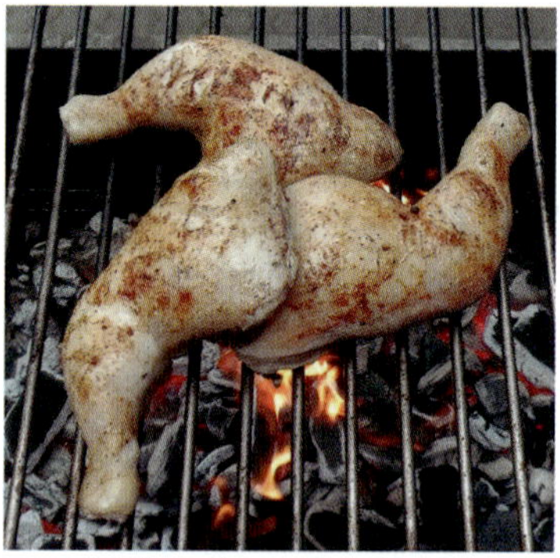

Hähnchen-Dreibein

Die englische Küche ist besser als ihr Ruf. Vor allem in den Pubs, die neben den obligatorischen Sandwiches auch hausgemachte Gerichte anbieten, kann man gut essen (**Pub Food**).
Wenn Sie in England essen möchten, müssen Sie mit höheren Preisen als in Deutschland rechnen. Die Restaurants haben außen meist eine Speisekarte angebracht, so dass unliebsame Überraschungen ausgeschlossen sind. Pro Person kommen schnell 30,00 Euro und mehr für Speisen und Getränke zusammen.
In den meisten Restaurants erwarten Servicekräfte oftmals ein Trinkgeld (Tip), da die Preise auf der Speisekarte (Menu) oft „Exclusive of Service Charge“ sind (siehe auch Punkt **Trinkgeld** auf Seite 157).
In den **Pubs** bekommt man einfache, aber schmackhafte Gerichte zu günstigen Preisen angeboten. Die Bestellung und Bezahlung erfolgt immer an der Theke, die Gerichte werden

vom Kellner („Waiter") oder der Kellnerin („Waitress") an den Tisch gebracht.
Auch die vielen **Schnellrestaurants** sind eine gute Alternative. Es gibt alles von Fish and Chips über Hamburger bis Grillteller. Die Essensqualität kann sehr unterschiedlich sein. Fish and Chips können sehr lecker schmecken, aber auch sehr eklig, wenn sie in altem Fett gebacken wurden. Bei Hamburgern spricht sich ebenfalls schnell herum, welche nach Gummi und welche nach Fleisch schmecken. Hier hilft nur Erfahrungsaustausch mit anderen Motorradfahrern und das **Ausprobieren der heißen Tipps**.

Die Schnellrestaurants sind in der Regel **nicht lizensiert**, d. h. sie führen keinen Alkohol. Detaillierte Erklärungen zu diesem Thema siehe Punkt **Alkoholausschank/-verkauf** auf Seite 149.
Zwischen dem English Food können Sie immer wieder einen „ausländischen" Tag einlegen und sich bei den vielen Chinesen, Italienern und Indern verpflegen, das bringt Abwechslung.

Auf besonderen Leserwunsch hier eine kleine **Steakkunde**:
T-Bone, Sirloin und **Rump Steak** sind Stücke vom Rind (beef).
Fillet Steak kann von Rind oder Schwein (pork) sein.
Gammon Steak ist ein gebratenes Schinkensteak (Bacon dick geschnitten).
Die Zubereitungsarten für Rindersteaks:
- Rare = blutig
- medium = halb durchgebraten
- well-done = ganz durchgebraten

Snacks

Baked Potato (gebackene Kartoffel) wird meistens mit Butter, Curry Beef (Rindergeschnetzeltes in Currysoße) oder Chillibohnen angeboten, manchmal auch mit Salat.

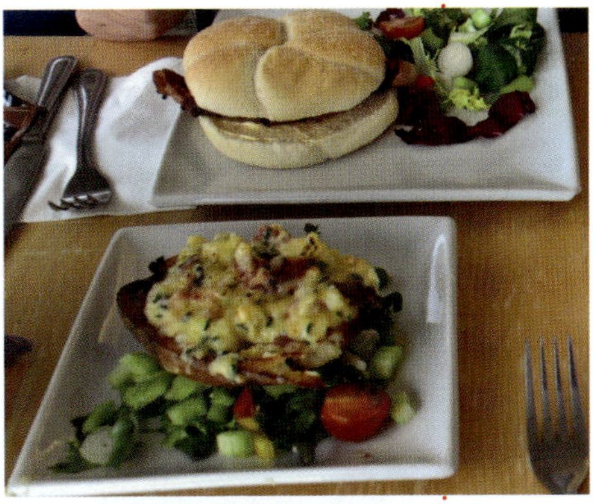

Baked Potato & Bacon Bap

Chips - das sind in England Pommes Frites. Nur bei McDonald's heißen die

Pommes „French Fries“ (amerikanische Bezeichnung). Wenn Sie das essen wollen, was in Deutschland Chips heißt, dann verlangen Sie **Crisps** im Pub. Fangen Sie mit den Crisps ready salted (nur gesalzen) an und testen Sie nach und nach die anderen Sorten - nicht alles trifft den deutschen Geschmack.

Cheddar - ein gelb bis orange aussehender Käse - mit Abstand der meist verkaufte in England. Beim Schneiden leicht krümelig, würzig im Geschmack. Oft in geraspelter Form auf Sandwiches zu finden.

Fish and Chips - in Teig gebackener Fisch mit Pommes Frites. Wird manchmal auch als **Cod and Chips** (Kabeljau und Pommes) oder **Haddock and Chips** (Schellfisch mit Pommes) angeboten. Ganz original wird der Fisch in Papier aus der Hand gegessen (das Benutzen von Zeitungspapier, wie früher üblich, wurde inzwischen aus hygienischen Gründen per Gesetz verboten).

Kipper - Manx Spezialität, geräucherter Hering, der ganz echt nur aus Peel kommt. Die Manx essen ihn schon zum Frühstück.

Sandwich - erfunden von John Montague, dem vierten Earl of Sandwich, der seiner Spielleidenschaft frönte und keine Pause zum Essen einlegen wollte. Also ließ er sich eine Scheibe Fleisch zwischen zwei Weißbrotscheiben legen und das Sandwich war erfunden. Ob es schon damals die typisch dreieckige Form hatte, ist nicht überliefert. Der Phantasie beim Belegen sind jedenfalls keine Grenzen gesetzt. Vertreten ist alles von Eiern, Käse, Tomaten, Gurken, Thunfisch, Schinken und Truthahn bis Roastbeef.

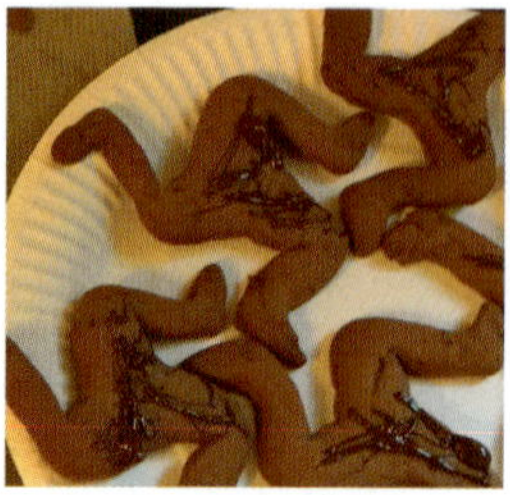
3-Bein-Mintkekse

Süßwaren

Wer Süßes mag, der ist in England richtig. Die Deutschen mögen die meisten Brotsorten haben, aber den Engländern gebührt der Preis für die phantasievollsten Torten. Auch eine TT-Torte konnten wir auf der Isle of Man schon im Konditoreifenster finden.

Chocolate Cake

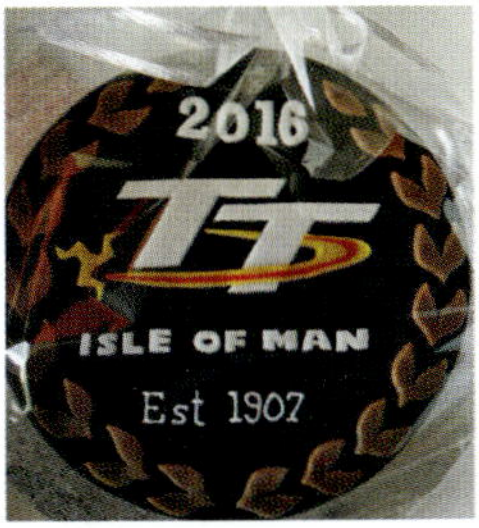

Klebrig-süßer Schokoladekuchen mit Glasur, gibt es meist als Nachtisch im Restaurant. Wenn Sie ihn mit Sahne bestellen, passen Sie genau auf, ob die Bedienung fragt „with cream“ oder „with whipped cream“. Cream ist für Engländer flüssige Sahne, die einfach über den Kuchen geschüttet wird, nur **whipped cream** bedeutet Schlagsahne.

Cream Tea

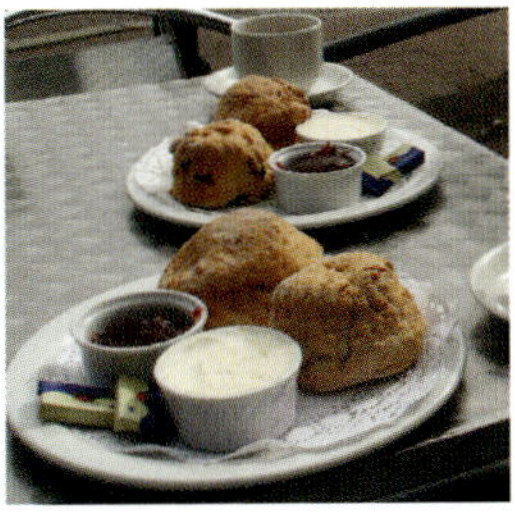

(wörtlich: Sahnetee), bezeichnet eine kleine Nachmittagsmahlzeit, die aus einer Kanne Tee, Scones, Clotted Cream und Erdbeermarmelade besteht. Die warmen Scones (Mürbteigtörtchen) werden halbiert und mit Clotted Cream (dicker ungesüßter Rahm, 55 % Fett) und Erdbeerkonfitüre bestrichen. Nicht ganz original ist die Variante mit Salzbutter statt Clotted Cream.

Chocolate Chips - flache runde Mürbteig-Plätzchen mit eingebackenen Schokoladestücken, die es auch in Vollkornversionen oder mit Nüssen gibt. Einfach köstlich.

Manx Rock - runde oder eckige Zuckerstangen, die es von 2 cm bis 10 cm Durchmesser gibt, immer mit dem Manx-Dreibein in der Mitte. Als Mitbringsel ideal!

Muffins - oft aus Maismehl hergestellt, in kleinen Auflaufförmchen gebacken, ungefüllt oder mit Schokolade, Nüssen, Blaubeeren o. ä.

Scones - kleine runde Mürbteig-Törtchen, mit frischen Erdbeeren (im Mai/Juni) und **Clotted Cream** (dicker Rahm). Die einfache Ausführung gibt es mit Salzbutter und Erdbeermarmelade. **Originalrezept** siehe nächste Seite.

Scones

(Originalrezept von der Isle of Man)

250 gr Mehl
1 P. Backpulver
60 gr Butter
60 gr Zucker
1/8 Ltr Milch

nach Wunsch: 60 gr Rosinen/Sultaninen

Alle Zutaten in einer Schüssel mit dem Rührfix/ Knethaken mischen. Von Hand in der Schüssel weiter kneten, bis eine kompakte Masse entsteht.
Teig auf eine leicht bemehlte Fläche geben.
Auseinander drücken, bis er ca. 2 - 3 cm hoch ist.
Mit einem Glas, Durchmesser ca. 7 cm, Kreise ausstechen.
Auf Backpapier setzen, im vorgeheizten Backofen ca. 12 - 15 Minuten bei 220 Grad Ober-/Unterhitze oder 200 Grad Umluft backen.

Ergibt 6 - 10 Stück
Arbeitszeit: 10 Minuten

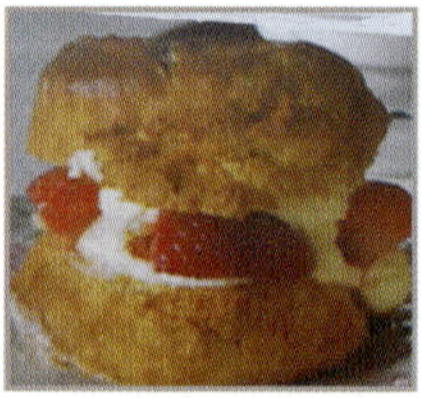

Noch warm mit

- Salzbutter und Erdbeermarmelade
  oder
- frischen Erdbeeren und Sahne
  oder
- original mit Clotted Cream und Erdbeermarmelade
  genießen

Supermärkte

Der **Shoprite** Supermarkt ist in Douglas in der Market Street (Parallelstraße zur Fußgängerzone) und der Victoria Road zu finden.
Weitere Shoprites sind in Peel, Derby Road; Port Erin, Bridson Street und in Ramsey, Bowring Road (Nähe Parliament Square).

Tesco ist der größte Supermarkt auf der Insel in Douglas, Lake Road (Nähe Railway Station).
Tesco begrüßt seine Kunden auch in Manx Gaelic.

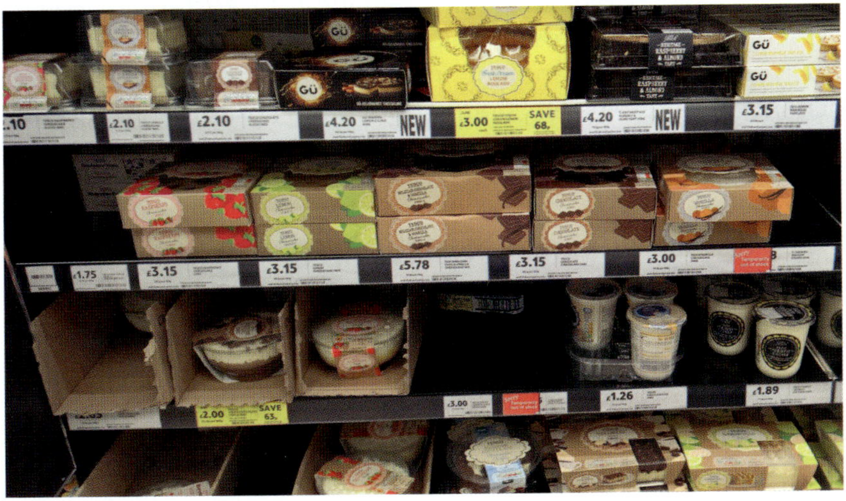

Süßes bis zum Abwinken...

Seite mit Anbietern und Herstellern einheimischer Produkte
www.gov.im/foodanddrink

Die 10 besten Restaurants & Cafes der IOM unter
www.tripadvisor.co.uk/Restaurants/

Informationen zum Aufenthalt von A - Z

Ärztliche Dienste/Apotheken

Für deutsche Staatsbürger entfällt die Vorlage der Europäischen Krankenversicherungskarte. Die Behandlung wird von praktischen Ärzten, die für den Staatlichen Gesundheitsdienst (NHS) arbeiten, kostenlos durchgeführt. Man sollte jedoch nachfragen, ob der Arzt wirklich im Auftrag des Gesundheitsdienstes tätig ist, sonst kostet es doch Geld.

Sollte jemand urplötzlich unter rasenden Zahnschmerzen leiden, ist auch hier die erste Behandlung kostenfrei, Folgebehandlungen sind kostenpflichtig.

Auch ambulante Behandlung in Krankenhäusern, die dem Staatlichen Gesundheitsdienst angehören, ist kostenlos. Stationäre **Krankenhausaufenthalte** sind zu bezahlen und werden gegen Vorlage der Belege von den gesetzlichen Krankenkassen erstattet.

Da es sich um **kostenlose Heilfürsorge** handelt, ist diese oft nicht sehr intensiv und/oder ausreichend. Auf Operationen - mit Ausnahme von Notfällen - sollte man unbedingt verzichten. Sobald es die gesundheitliche Situation erlaubt, organisiert man möglichst umgehend einen Krankentransport und lässt sich zuhause von Fachärzten/Kliniken erneut gründlich durchchecken. Hier bewährt sich eine private Auslandsreise-Krankenversicherung mit Rücktransport, wie sie von vielen Versicherern und Automobilclubs in Deutschland angeboten wird. Achten Sie darauf, dass auch der Rücktransport Ihres Fahrzeuges durch einen entsprechenden Schutzbrief abgedeckt ist.

Apotheken (Pharmacy) findet man auf der Isle of Man nur als Abteilung einer Drogerie, nicht als eigenständigen Laden.

Alkoholausschank/-verkauf

Die englischen Gesetze zu **Alkoholausschank/Verkauf** weichen von unseren ab, eines ist jedoch gleich: Verkauf und Ausschank erst an Personen ab 18 Jahren. Im Gegensatz zu früher sind Spirituosen in das Warenangebot der Supermärkte integriert, es gibt keine extra Shops mehr.

Alkoholausschank in den Pubs ist nun theoretisch rund um die Uhr erlaubt. Keine schlechte Neuerung, denn die **Last Order**, die uns Kontinentler immer so amüsiert hat, fällt damit weg. Kein Problem für die Pub-Besitzer: die möchten sowieso nicht 24 Stunden arbeiten und deshalb gibt es in vielen Pubs eben doch noch Glockengeläut 10 Minuten vor Schluss oder das Licht wird kurz aus- und eingeschaltet. Dann weiß jeder, es wird gleich zugesperrt (meist um Mitternacht).

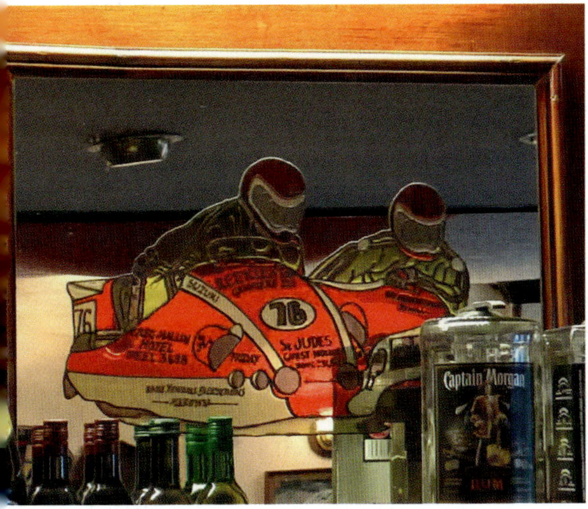

Spiegel im Quarterbridge Pub

Ein weitere Besonderheit in England und Man ist die Tatsache, dass nicht jedes Restaurant Alkohol ausschenken darf. Vor allem Schnellrestaurants, Cafès, Imbisse sind **nicht lizensiert**. Es gibt dort keine alkoholischen Getränke.
Eine Alternative ist das **Pub Food**, das sehr viele Pubs anbieten. Von Sandwiches bis zu Riesen-Burgern reicht die breite Angebotspalette an Speisen. Hier ist ein Bier oder Wein zum Essen kein Problem.
Aperitif, Wein oder Bier gibt es natürlich in allen **Licensed Restaurants**, meistens Lokale der gehobenen Klasse, die Preise liegen entsprechend höher (siehe auch **Essen & Trinken**).

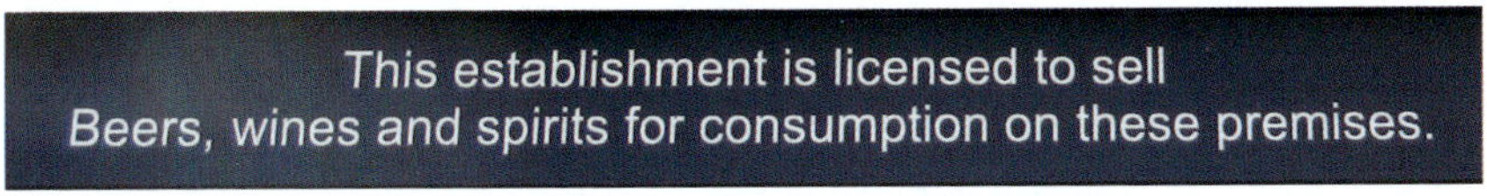

Lizenz-Info am Niarbyl Bay Café

Autovermietungen

Selbstverständlich sind alle großen Verleihfirmen auf der Insel vertreten. Während TT und MGP sind rechtzeitige Reservierungen dringend zu empfehlen. Es ist keine Seltenheit, dass die Büros geschlossen und ein Zettel im Fenster darüber informiert, dass Autos erst nach der Rennwoche wieder erhältlich sind.
Tagesaktuelle Informationen über Angebote und Preise im Internet.

Einreisebestimmungen

Die Einreise nach England und der Isle of Man erfolgt (noch) problemlos mit Personalausweis oder Reisepass.
Neben **Führerschein** und **Kraftfahrzeugschein** ist die Mitnahme der **Grünen Versicherungskarte** Pflicht, ein **Auslandsschutzbrief** ist zu empfehlen.

Fährlinien siehe Reiseinformationen ab Seite 124

Feiertage

Die Engländer bzw. Manx haben weniger Urlaub als deutsche Arbeitnehmer. Dafür gibt es über das Jahr verteilt so genannte Bankfeiertage, die grundsätzlich montags das Wochenende verlängern (Spring Bank Holiday). Ein bis zwei **Bank Holidays** fallen immer in die TT-Zeit.
Da viele Geschäfte und alle Banken an solchen Tagen geschlossen sind, wurde bei früheren Aufenthalten schon mal das Bargeld knapp. Im Zeitalter der Geldautomaten und Kreditkarten können wir uns uneingeschränkt mit den Inselbewohnern über den freien Tag freuen.

Geld / Währung

Was braucht man im Urlaub am meisten? **Bargeld**! Die Geldautomaten sind oft mehrsprachig zu bedienen, so dass es kein Problem ist, Geld abzuheben. Vor allem in Douglas rund um den Hafenbereich sind Automaten zu finden, die auch Deutsch „sprechen".

1 Britisches oder Manx-Pfund (£) ist nach heutigem Kurs (2017) ca. 1,20 Euro wert. Es gibt Noten zu 5, 10, 20 und 50 £ und Münzen zu 1 Penny, 2, 5, 10, 20, 50 Pence sowie 1 und 2 £. Selbstverständlich werden auf der Insel alle gängigen **Kreditkarten** akzeptiert.

Wie ist das mit dem **Spielgeld**?
Die Isle of Man **druckt eigenes Geld**. Dazu hat sie das Recht, ist sie doch eine Insel mit eigener Verfassung und Regierung. Auf den ersten Blick sind die Münzen und Scheine dem englischen Geld ähnlich. Der Unterschied ist an der Prägung „Isle of Man Government“ statt „Bank of England“ zu sehen, aber auch an den Motiven wie Renngespannen, schwanzlosen Katzen und dem Wahrzeichen der Insel, dem Dreibein. Dieses Geld ist außerhalb der Isle of Man nichts wert. Es wird von keiner Bank in England oder auf dem Kontinent umgetauscht. Solange man sich auf der Insel befindet, kann man mit englischem oder Manx Geld bezahlen. **Die Rückreise sollte man aber nur mit englischem Geld antreten.** Ab Liverpool oder Heysham (also englischem Boden) ist Manx-Geld nur noch „Spielgeld“. Sie kriegen es nirgends los, glauben Sie mir. Die Engländer haben einen Blick für „Inselgeld“, denn die Kanalinseln Jersey und Guernsey drucken ebenfalls eigene Scheine und Münzen.

Internet
siehe **WiFi**, Seite 160.

Kleidung
Die Gretchenfrage ist natürlich, welche Kleidung nehme ich zur IOM mit? Ich kann nur raten, für alle Fälle ausgestattet zu sein. Selbstverständlich gehört dazu auch zweckmäßige Regenkleidung.
Die zweite Frage ist, wie kriege ich die Kleidung möglichst sinnvoll in die Koffer? Auf vielfachen Wunsch und speziell für Neueinsteiger hier eine „Gebrauchsanweisung zum Kofferpacken“:
In den Koffer kommt als erstes eine große Plastikfolie, damit die Sachen wirklich trocken bleiben. Nicht jeder Koffer bleibt

bei Dauerregen dicht, auch wenn das vom Hersteller versichert wird. Als nächstes verabschieden wir uns etwas vom „ordentlichen" Kofferpacken, schließlich muss jeder Zentimeter genutzt werden. Zuerst nehmen wir die großen Teile wie Hemden, T-Shirts, Sweatshirts und - wenn es sein muss - auch Pullover. Diese nehmen aber am meisten Platz weg und man sollte sich auf ein bis zwei Stück beschränken.
Die Teile werden möglichst in der kompletten Länge in den Koffer gelegt. Das hat den Vorteil, dass keine „Luft" gepackt wird. Wenn bei XXL-Typen die Teile über den Koffer hinausragen, werden die Sachen im Wechsel einmal links, einmal rechts in den Koffer hineingeklappt. Es soll eine möglichst gerade Oberfläche entstehen. Zwischen die einzelnen Teile werden zerbrechliche Dinge wie Sonnen-/Ersatzbrille gesteckt, die den Transport so schadlos überstehen. Die kleinen Teile wie Unterwäsche, Socken etc. werden in jede verfügbare Lücke um den Hauptstapel gestopft. Jeanshosen kommen ganz oben in den Koffer, auch hier die komplette Kofferbreite ausnutzen, nur einmal falten, das überstehende Fußteil in den Koffer einklappen. Zum Schluss mit der überstehenden Plastikfolie abdecken.
Wer wissen möchte, wieviel er wirklich mitnehmen kann, sollte einige Male „probepacken". Mit jedem Packen steigt die Routine und es geht mehr in den Koffer hinein.
Ich traf auch schon „Profi-Packer", die gezielt ältere Kleidung und Schuhe mitnehmen. Wenn bei der Rückfahrt nicht mehr alles unterzubringen ist, werden die Sachen kurzerhand auf der Insel entsorgt.
Wer ohne Sozius zur Insel fährt, der kann in den einen Koffer Textilien, in den anderen Schuhe, Kulturbeutel, Ladekabel, Akkus, eventuell Campingutensilien packen. Das Zelt kommt auf den Gepäckträger. Wer zu Zweit auf dem Motorrad sitzt, braucht zu den zwei Koffern (für Textilien) noch eine Gepäckrolle, in die sperrige Dinge wie Schuhe etc. gepackt werden. Als Gewichtsausgleich ist in jedem Fall ein Tankrucksack zu empfehlen. In diesem sollten dann schwere Dinge transportiert werden.
Zum Schluss noch ein Extratipp für Übernacht-Fähren: Wir packen unser so genanntes **Fährpaket** in den Tankrucksack.

Darin sind leichte Schuhe, leichte Kleidung, Miniflaschen mit Haarwaschmittel, Cremes etc. Wenn das Motorrad im Laderaum der Fähre vertäut ist, hat man die Tüte schnell gegriffen, kann sich an Bord umziehen und die Fährüberfahrt ist noch bequemer. Am nächsten Morgen sind die Sachen genauso schnell wieder im Tankrucksack verstaut. Auch wenn man keine Kabine mit Dusche hat, gibt es meistens die Möglichkeit zu duschen. Hier braucht man zusätzlich noch ein Handtuch.

Krankenhaus

Noble's Hospital, Douglas, Tel. 650 000
Das Noble's Hospital liegt etwas außerhalb von Douglas an der A23/Braddan Road (Gemarkung Strang)
www.gov.im (*E-Mail:* hospital.nobles@gov.im)

Kreditkarten

siehe „Geld“, Seite 150

Maße und Gewichte

Längenmaße

1 foot = 30,48 cm
1 Inch = 2,54 cm (Jeansgrößen!)
1 Yard = 91,44 cm
1 Mile = 1,609 km (30 Miles = 48,28 km)

Hohlmaße

1 Pint = 0,57 Liter (Bierglas)
1 Gallon = 4,55 Liter (Kraftstoff)

Gewichte

1 Pound (lb) = 0,45 kg
1 Ounce (Unze) = 28,35 gr
Die Abkürzung „lb“ stammt vom lateinischen Libra (Pfund) ab.

Motorradwerkstätten

Es gibt einige Marken-Händler (BMW, Honda, Suzuki, Triumph, Yamaha), aber auch freie Werkstätten auf der Insel. Aktuelle Informationen hierzu im Internet.

Notruf Polizei / Feuerwehr

Die Notrufnummer für Polizei wie auch Feuerwehr ist die 999. Das Police Headquarter, Tel. 631 212, ist in Douglas gleich hinter Start/Ziel zu finden. Hier werden die Bußgelder für zu schnelles Fahren kassiert.

Öffentliche Transportmittel

Es gibt Leute, die ohne Motorrad auf der Isle of Man unterwegs sind. Gründe gibt es mindestens zwei, entweder man besucht die Insel per Flugzeug oder das Bike ist nicht fahrbereit - ein Zustand, der recht plötzlich eintreten kann. Toi, toi, toi - bisher traf es immer andere. Bei denen möchte ich mich für die geschilderten Erfahrungen bedanken. Die Fortbewegung klappt gut, vor allem, wenn man in Douglas wohnt. Hier gibt es die Pferdebahn, die man benutzen kann. Für Inselreisen steigt man dann entweder auf die **Railways** oder die **Busse** um. Mit einer **Go Card** oder auch **Explorer Ticket** für alle öffentlichen Transportmittel, die es für einen, drei, fünf oder sieben Tage gibt, fährt man im wahrsten Sinne des Wortes am günstigsten (Fahrpläne/Fahrkarten auch online erhältlich). Während der TT sollte man sich jedoch nicht all zu sehr auf die Busfahrpläne verlassen, die Rennen bringen die Abfahrtszeiten doch etwas durcheinander.

www.gov.im

Öffnungszeiten der Geschäfte

Die Öffnungszeiten der Läden richten sich nach dem Rennprogramm. Wenn alle Welt an der Strecke ist, dann schließen auch die Geschäfte. Das gilt natürlich nicht für Tante-Emma-Läden direkt am Rennkurs, die sind geöffnet.

Post/Briefmarken

Die Unabhängigkeit der Insel macht sie zum Paradies für Sammler von Briefmarken. Wer sich dafür interessiert, sollte sich in einem der Isle of Man-Postämter beraten lassen.

Promillegrenze

Die Grenze für die Fahrtüchtigkeit liegt bei 0,8 Promille.

Radio

Es gibt drei lokale Radiostationen auf der Isle of Man.
Wichtigster Sender während der TT ist natürlich **Manx Radio TT**.
Es gibt eine Radio **TT App** zum Download, über **www.iomtt.com** wird via Internet gesendet.

Manx Radio
Broadcasting House, Douglas Head
www.manxradio.com
Manx Radio TT zu empfangen:
AM 1368 - komplette Insel
FM 87.9 - Umgebung Douglas
FM 100.6 - Umgebung Sulby, Ramsey, Norden

3FM, Douglas
www.three.fm

Energy FM, Douglas
www.energyfm.net

Reifen / Straßen

Der Straßenbelag in England wie auch auf der Isle of Man ist sehr rau, ein richtiger „Reifenfresser". Man sollte also immer mit einer guten Profiltiefe die Reise beginnen. Spätestens nach der Rückkehr ist ein neuer Hinterreifen fällig. Die Kosten dafür bitte gleich in das Reisebudget mit einkalkulieren.

Reisevermittler

Travelling Britain
Ehrenbergweg 24, 32760 Detmold, Tel. 05231-570073
www.travelling-britain.com

Strom/Adapter

Der Strom auf der Insel kommt mit 230/240 V - 50 Hz aus der Steckdose, so dass Geräte mit 220 V benutzt werden können (die 10/20 V Unterschied sind unerheblich). Das größte Hindernis für deutsche Stecker sind die dreipoligen Steckdosen, für die ein **Adapter** benötigt wird. Auch wenn Sie einen so genannten „Weltadapter" kaufen, überzeugen Sie sich, dass ein Anschluss dabei ist, der drei Pole hat, davon einer aus Kunststoff. Nur dann paßt er in englische Steckdosen.

Tanken

Auf der Insel ist Diesel und Benzin erhältlich.
Das bleifreie (unleaded) Benzin wird mit 95 Oktan und 98 Oktan angeboten. Mit dem Superbenzin (98 Octane) ist man beim Tanken auf der sicheren Seite. Die Benzinpreise sind etwas höher als in Deutschland.

Telefon

Wer von Man aus nach Deutschland anrufen möchte, wählt 0049 und lässt von der Ortsnetzkennzahl die erste 0 weg (Österreich 0043, Schweiz 0041).
Vorwahl von Deutschland zur IOM: 0044-1624- (Festnetznummern) oder 0044-7624- (Mobilnummern).
Bitte erkundigen Sie sich vor der Reise bei Ihrem Handy-Anbieter, welche Tarife im Ausland gelten.
WLAN siehe „WiFi", Seite 160

Toiletten

Öffentliche Toiletten, d.h. für jeden nutzbar, gibt es ausreichend. Sie sind immer kostenlos, egal ob in einem Pub, Kaufhaus oder anderen öffentlichen Plätzen. Wenn der eine oder andere Landbesitzer während der Rennen Eintritt verlangt für interessante

Zuschauerplätze (z.B. viele Kirchengemeinden), dann wird oft Essen & Trinken angeboten und es stehen mobile Toilettenhäuschen zur Verfügung.

Tourist Information

Department of Tourism (Tourist Information)
Tourist Information Centre

Sea Terminal Buildings, Douglas
www.gov.im
www.visitisleofman.com

Ein Besuch der Tourist Information lohnt sich immer, da zu vielen Themen Informationsblätter verfügbar sind, z. B. Museen, Sportarten, Übernachtung, Restaurants/Cafés etc.

Trinkgeld

Trinkgeld (Tip) gibt man nur bei Tischbedienung, üblich ist 10 bis 15% der Gesamtrechnung. In den Pubs und Schnellrestaurants holt man sich Essen und Trinken an der Theke, hier wird kein Trinkgeld erwartet. Das Aufrunden der Summe kann man mit **Keep the Change** ausdrücken.

Uhrzeit

Der **Zeitunterschied** zwischen Deutschland und England/IOM beträgt im Sommer eine Stunde. Diese Stunde müssen Sie bei den Abfahrts- und Ankunftszeiten der Fähren berücksichtigen. Auf dem Fährticket steht jeweils die **Local Time**. Stellen Sie deshalb bei der Ankunft in England Ihre Uhr eine Stunde zurück, bei der Rückfahrt ab dem Festland wieder eine Stunde vor. Dann haben Sie auch auf Ihrer Uhr immer die jeweilige Local Time.

Verkehrsregeln

Ein ganz wichtiger Punkt sind die Verkehrsregeln. Spätestens bei der Ankunft auf englischem Boden hat jeder gemerkt, dass ab sofort **Linksfahren** angesagt ist. Das fällt am Anfang etwas schwer, nach dem Einfahren in den zehnten **Kreisel** (Round-

about) - selbstverständlich auch links herum - ist es schon Gewohnheit. Die Isle of Man hat andere Geschwindigkeitsregeln als das englische „Mainland" (so bezeichnen die Manx Großbritannien).
Innerhalb geschlossener Ortschaften gelten im allgemeinen 30 mph, was ungefähr 50 km/h entspricht (1 Meile = 1,609 km). Wenn außerhalb geschlossener Ortschaften keine Speedlimit-Schilder aufgestellt sind, gibt es keine Geschwindigkeitsbegrenzung. Aufgrund dieser Regelung hört man gerne den Satz **„auf der Isle of Man darf man fahren, so schnell man will"**. Ein klares „**Jein**" ist die Antwort. Auf den meisten Straßen - auch außerhalb von Ortschaften - sind inzwischen Höchstgeschwindigkeiten vorgegeben. Auf schmalen, eher feldwegartigen Straßen funktioniert Schnellfahren sowieso nicht. Dass die Insel so etwas wie ein Rennkurs für alle ist, gehört in den Bereich der Märchen. Die zuständigen Behörden schreiben **Sicherheit gerade während der TT besonders groß**. Selbstverständlich kann von keiner offiziellen Stelle eine hundertprozentige Sicherheit gewährleistet werden. Hier hat jeder Verkehrsteilnehmer Eigenverantwortung zu übernehmen.
Ich kann nur jedem ans Herz legen, sich penibel an die Höchstgeschwindigkeiten zu halten. Die Polizei steht täglich mit **Radarpistolen** an verschiedenen Stellen und misst. Bei Überschreitungen fallen als **Basisgebühr schon 120 £** an, je nach Geschwindigkeit zusätzlich **10 £ pro überschrittene Meile.** Ist die Geschwindigkeitsüberschreitung sehr hoch, ist die Folge eine **Gerichtsverhandlung**, die innerhalb weniger Tage anberaumt wird (z. B. Verstoß montags, Vorladung dienstags, Verhandlung mittwochs). Wer glaubt, als Tourist davon verschont zu bleiben oder hofft, auf einem Campingplatz nicht gefunden zu werden, liegt falsch. Die Vorladung wird zugestellt oder man muss sie sich bei der Polizei abholen. Die Strafen sprengen jedes Reisebudget, denn sie sind deutlich höher als im Heimatland. Es werden sehr hohe Geldstrafen verhängt, zusätzlich kann vom Richter ein Fahrverbot auf der Insel angeordnet werden und/ oder das Motorrad wird für die Zeit des Aufenthalts konfisziert, nämlich im Hafen „an die Kette gelegt" bis zur Rückreise.

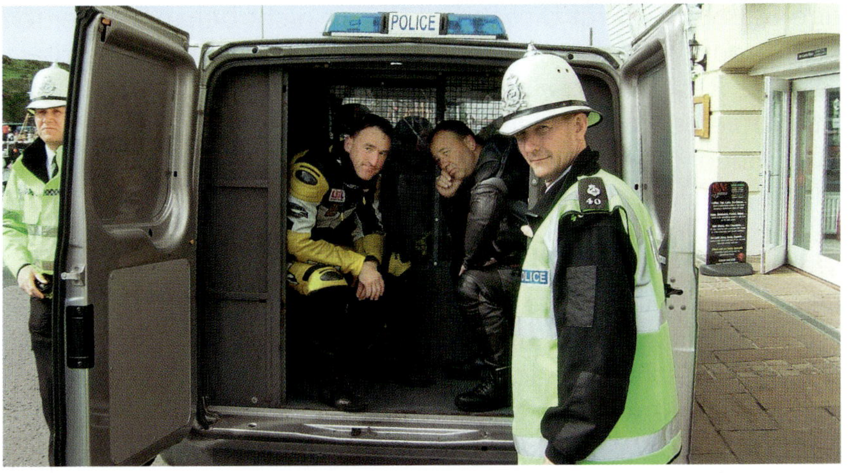

Nur ein Gag fürs Foto - alles brave Jungs

Motorradfahrer ohne **Helm** sieht man heutzutage nur noch ganz selten. Wenn auf der Isle of Man jemand ohne Helm fährt, dann ist das bestimmt kein Engländer. Die wissen nämlich, wie teuer es werden kann, wenn die Polizei zugreift. Je nach Situation werden 300 £ oder mehr fällig. Mit diesem Geld kann man ein paar Tage ganz flott leben, meinen Sie nicht?
Sehr teuer wird es, wenn jemand die Rennstrecke vor, während oder nach einem Rennen überquert, solange der **Road closed**-Status durch die Marshals noch nicht aufgehoben ist. Hier wird eine Geldstrafe (Fine) von **mindestens 1000 £** erhoben.
Für Autos sind **spezielle Isle of Man-Parkscheiben** zu benutzen, erhältlich im Sea Terminal oder Flughafen. Fremde Parkscheiben werden nicht akzeptiert, es gibt trotzdem einen Strafzettel (Ticket).
Last but not least zum Thema Verkehr das Stichwort **Zebrastreifen**. Nicht nur auf der Isle of Man, sondern im gesamten britischen Sprachraum ist der Zebrastreifen das, was er eigentlich sein soll: Ein Übergang, den Fußgänger ohne Gefahr benutzen können. Wenn ein Fußgänger auch nur mit der Zehenspitze den Zebrastreifen berührt, steht jeder Fahrer sofort auf der Bremse. An dieses Gesetz halten sich alle Verkehrsteilnehmer und auch Sie, liebe Leser, sollten sich daran halten. Der gül-

tige Bußgeldtarif für diesen Fall ist mir nicht bekannt, aber ich könnte mir vorstellen, dass bei Zuwiderhandlung gegen diese „eiserne Regel“ auch ein kräftiger Griff ins Portemonnaie nötig ist. Probieren Sie doch einmal aus, wie stressfrei Sie in England über einen Zebrastreifen gehen können - fabelhaft. Das würde ich mir für Deutschland wünschen.

Wasser

Das Wasser auf der Isle of Man ist sehr weich. Man merkt es am meisten bei der Körperpflege. Es dauert deutlich länger, bis Seife, Duschgel und Shampoo abgespült sind. Dafür fühlen sich die Haare weicher an so ganz ohne Kalk. Weiches Wasser ist auch bei der Teezubereitung von Vorteil, der Tee schmeckt aromatischer.

WiFi / WLAN

WLAN-Verbindungen sind als **WiFi** gekennzeichnet. Die Flächendeckung auf der Isle of Man ist sehr gut. Nicht nur die Hotels bieten ihren Gästen WiFi an, auch fast alle Restaurants, Pubs, Cafés sowie öffentliche Institutionen haben kostenlose Zugänge. Es lohnt immer, das Handy nach offenen WLAN-Netzen suchen zu lassen. Das Angebot gilt quasi als Selbstverständlichkeit im Gastgewerbe, deshalb ist es nicht immer extra als **free WiFi** angeführt. Versuch macht klug, ist hier die Devise.
Die Fährgesellschaften verlangen während der Überfahrten eine extra Gebühr für den Zugang - noch, würde ich sagen. Sicher wird diese Charge bald abgeschafft, sie ist einfach nicht mehr zeitgemäß.
Vor Reiseantritt sollten Sie die Kosten der Handynutzung im Ausland mit ihrem Netzbetreiber abklären.

Zoll

Es gibt für innerhalb der EU gekaufte, verzollte Waren keine Einfuhrbeschränkungen. Dieser Regelung hat sich die Isle of Man angeschlossen. Eventuelle zolltechnische Änderungen sind nach dem Ausstieg von Großbritannien aus der EU möglich. Bitte informieren Sie sich dazu im Internet.

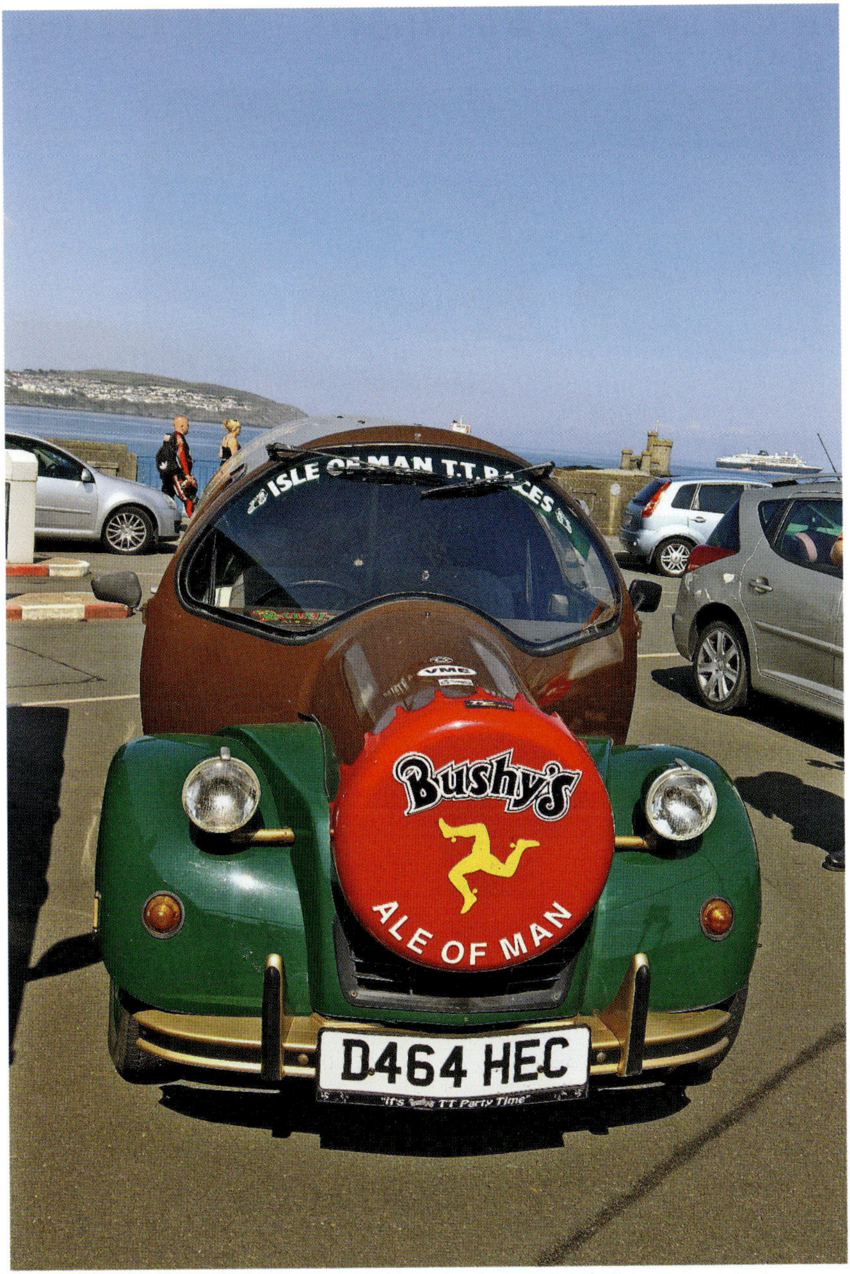

Bushy's - DIE Autos kennt jeder

THREE Legs - TWO Wheels - ONE Passion

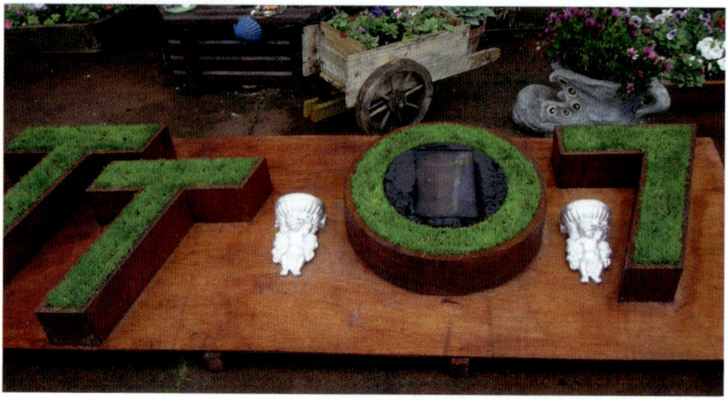

Auf manche Dinge...

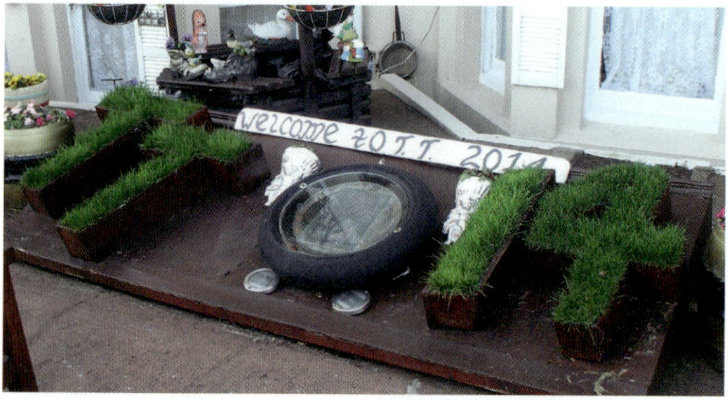

...kann man sich verlassen

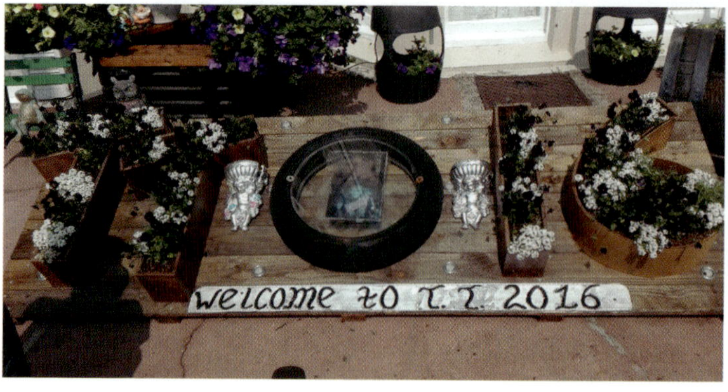

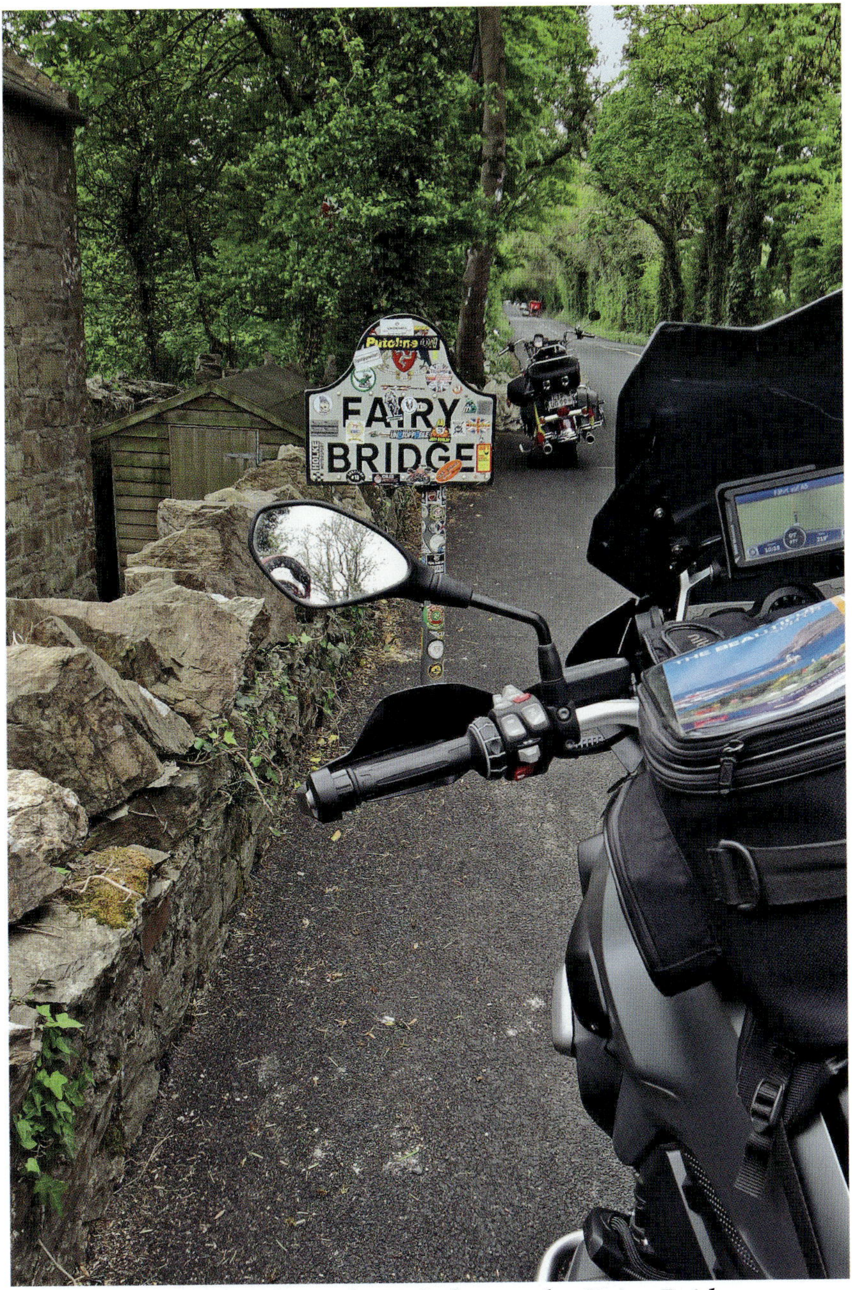

Die Bärlauch Insel - es duftet an der Fairy Bridge

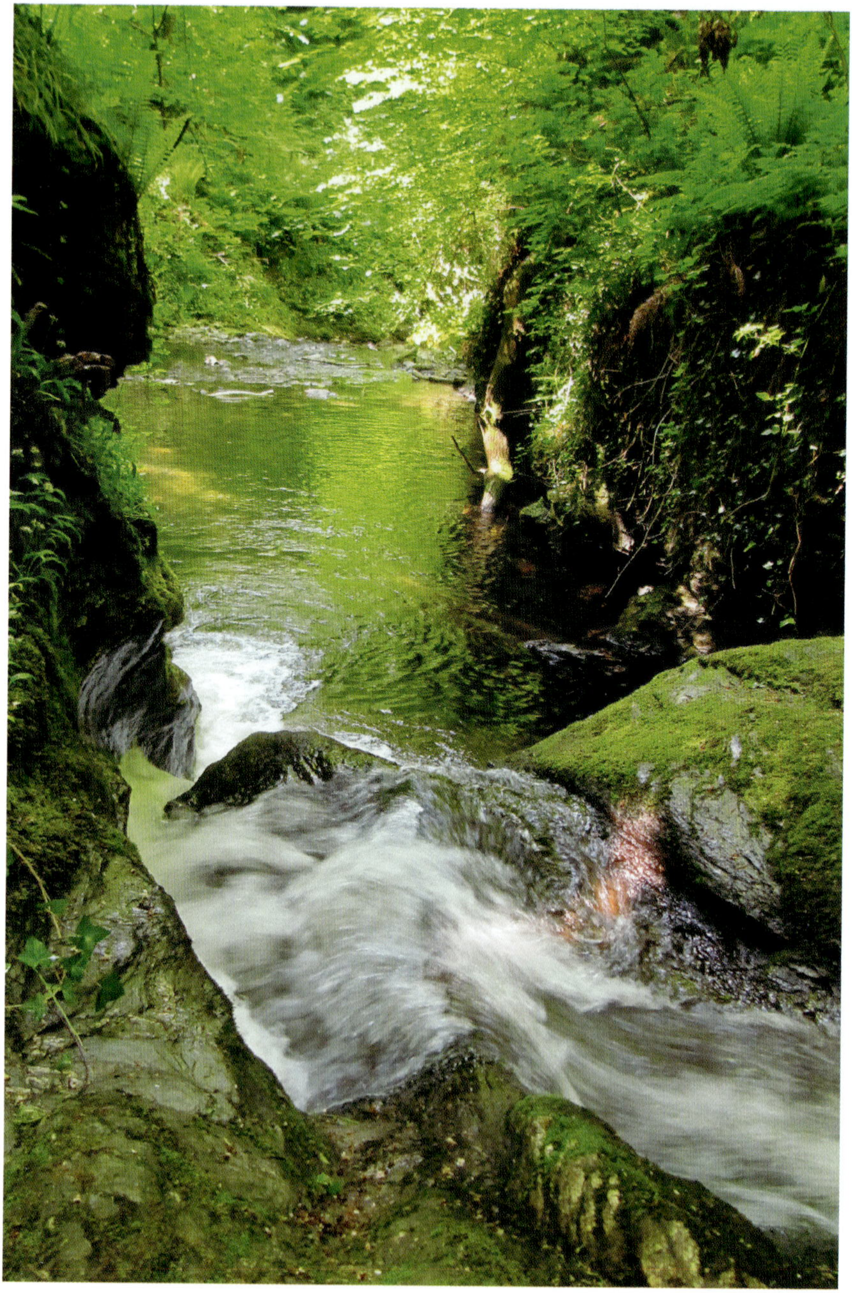

Glen Maye

Manx Wörterbuch

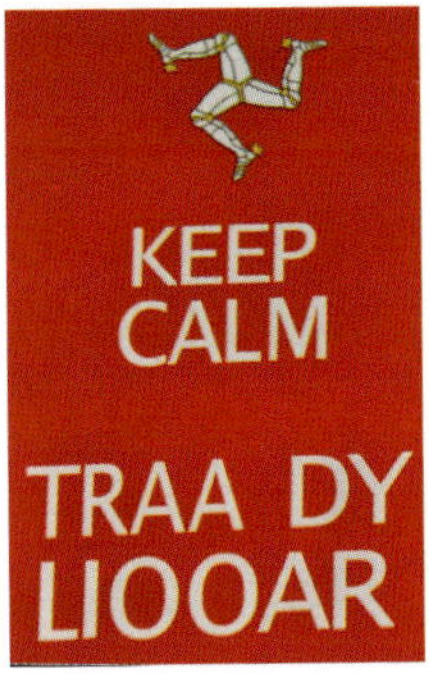

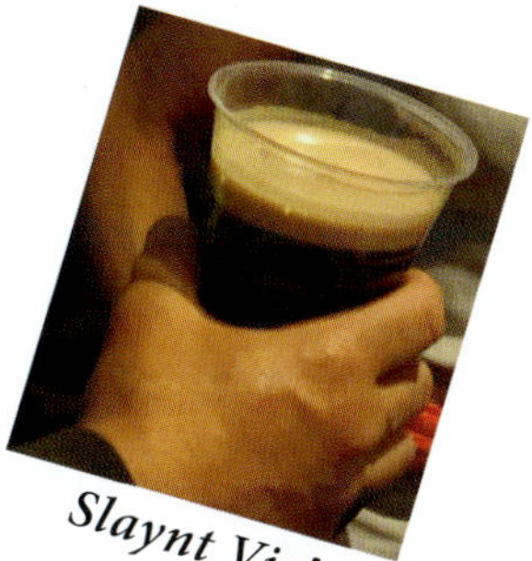

Slaynt Vie!

Vel Gaelg Ayd?	Do You Speak Manx?	Sprechen Sie Manx?
Kys T'ou?	How are you?	Wie geht es (dir/euch)?
Slaynt Vie!	Good Health!	Prost!
Moghrey Mie	Good Morning	Guten Morgen
Fastyr Mie	Good Afternoon/Evening	Guten Tag/Abend
Oie Vie	Good Night	Gute Nacht
Cair Vie	Safe Journey	Gute Reise
Hee'm Shiu	I'll See You	Auf Wiedersehen/Bis bald
Gura Mie Eu	Thank You	Danke
Failt Erriu	Welcome	Willkommen
Traa Dy Liooar	Time enough	Nimm dir Zeit

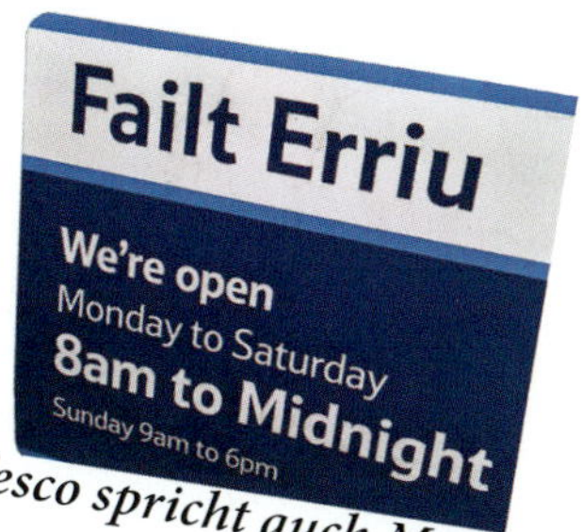

Tesco spricht auch Manx

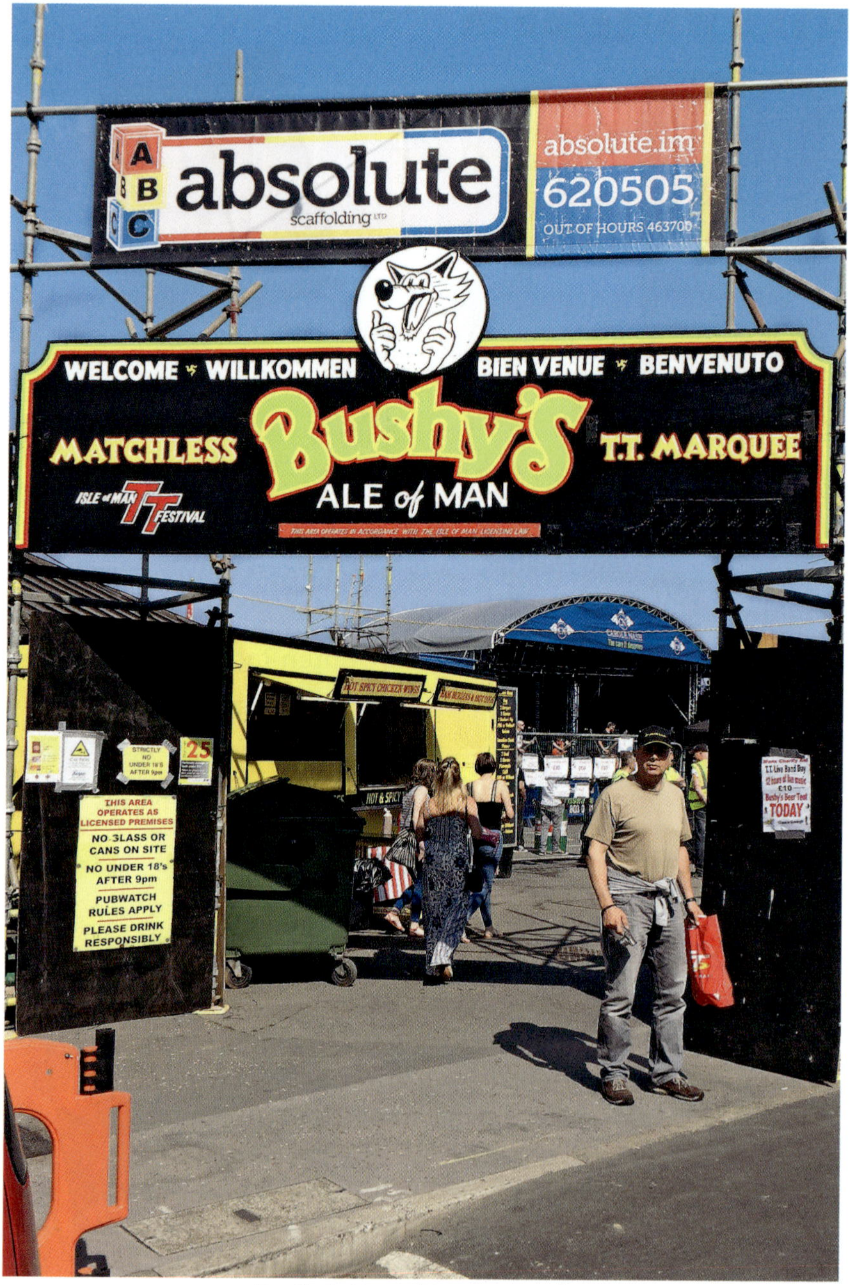

Bushy's Beer Tent, Douglas

Hol Dir die Isle of Man nach Hause

JÄHRLICH
Ab August: die aktuelle **TT-DVD**, deutsch synchronisiert

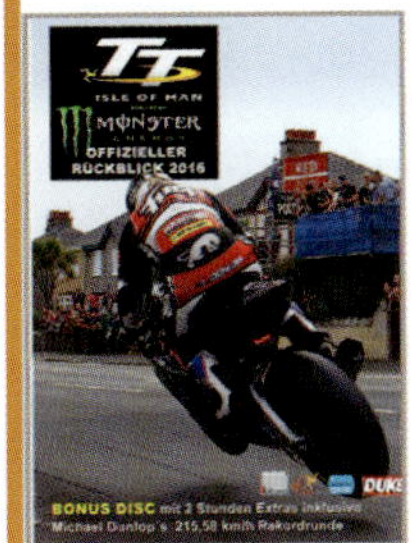

€ 24,95

Ab September erhältlich: der **Racing Calendar**

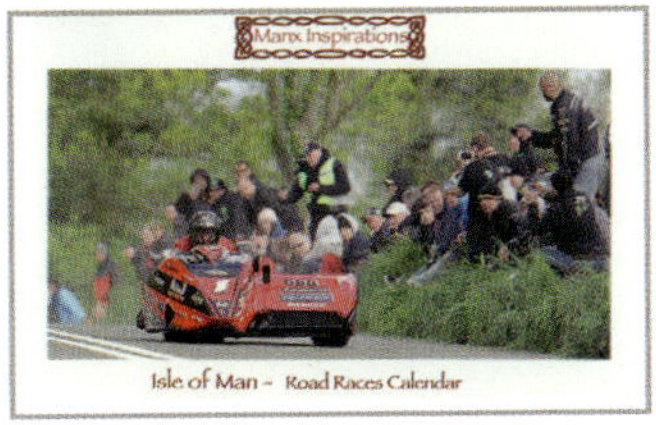

€ 9,50

Demnächst wieder: **Halstücher** mit Dreibeinen
90 x 90 cm, Baumwolle

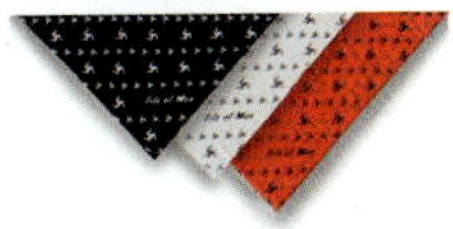

Inselkarte
Landranger, € 12,00

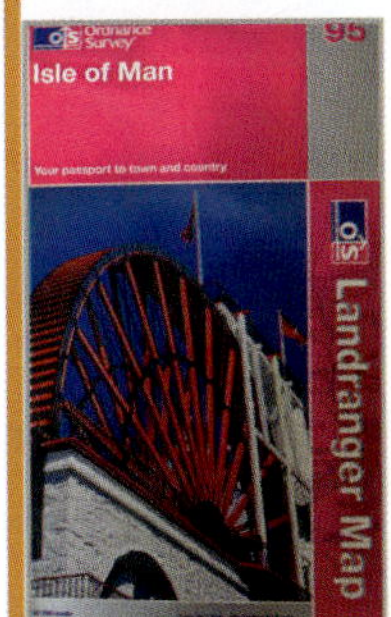

Plätzchenformen
Dreibein, Insel, Katze

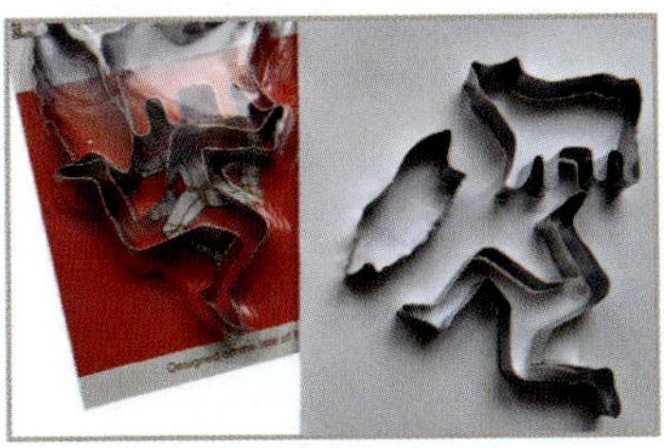

€ 10,00

und viele andere Insel-Erinnerungen...

E-Shop:

www.isle-of-man.de

See you next Year

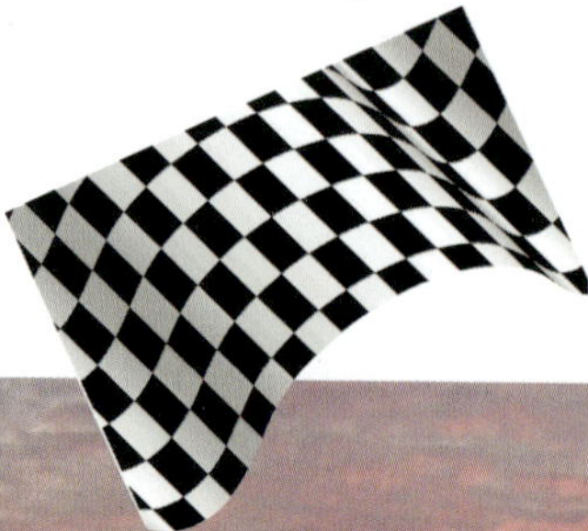

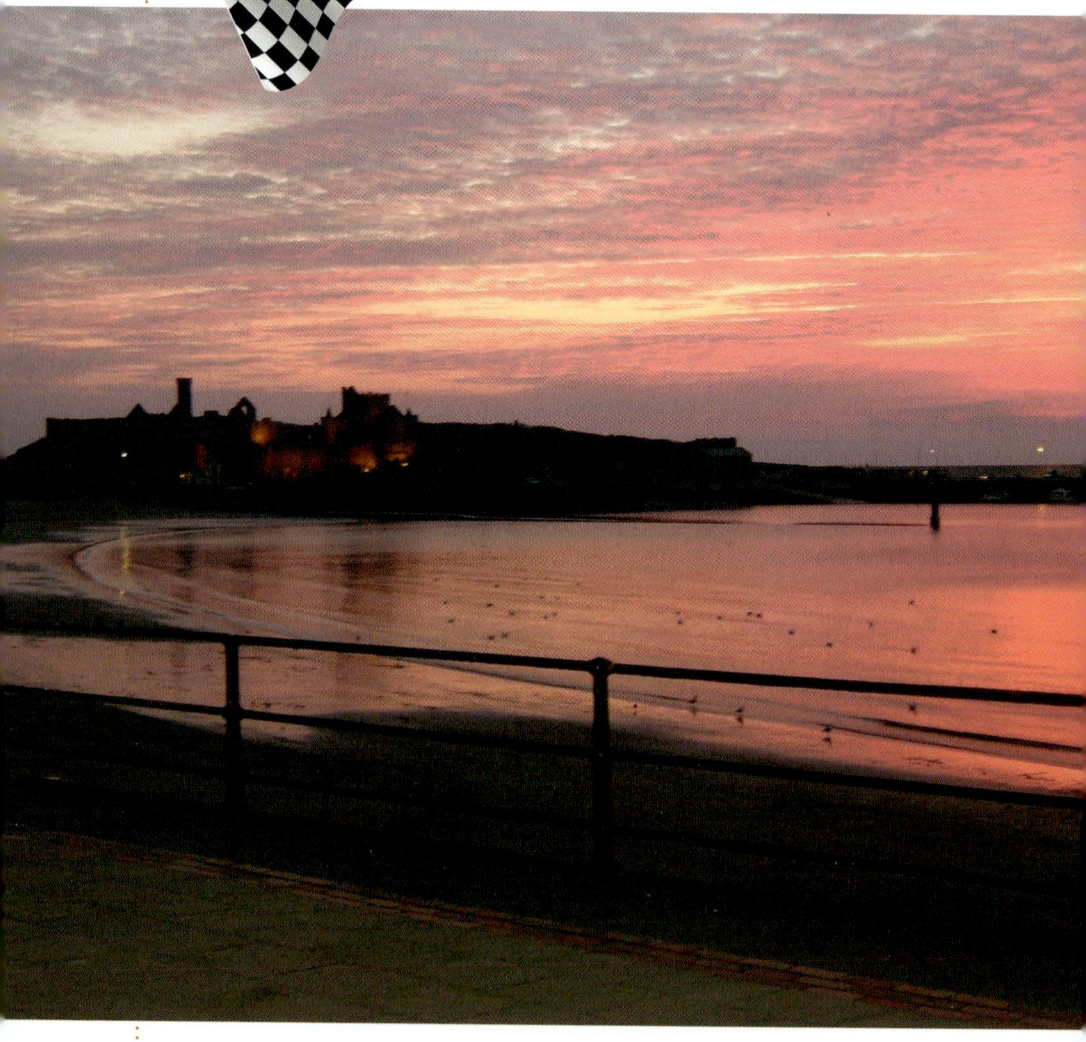

Termine bis zum Jahr 2020

	Tourist Trophy	MGP/Classic TT
2017:	27.05. - 09.06.	19.08. - 01.09.
2018:	26.05. - 08.06.	18.08. - 31.08.
2019:	25.05. - 07.06.	17.08. - 30.08.
2020:	30.05. - 12.06.	22.08. - 04.09.

Thank you for the support

Herzlichen Dank an alle, die mich unterstützt haben:

- meinem Co-Autor und Berater während der Modifizierung des Reiseführers, Ulli (Blue) Grüne
- Burga Hotopp, die zu allen unseren Buchausgaben Fotos beigesteuert hat
- allen anderen Freunden und Lesern, die mich mit Bildern, Tipps und Korrekturlesen unterstützten: Frankie, Erik, Susanne, Veronika, Karin, Martin, Tom, Kalle

dem Isle of Man Department of Tourism für die Erlaubnis zur Veröffentlichung von Insel- und Kurskarte

Fotonachweis

Bilder, die nicht dem Verlagsarchiv entstammen, haben auf folgenden Seiten zur Verfügung gestellt:

Frank Bader: Covertitel, Coverrücks. Tower, 19, 23, 26, 37, 79, 82, 84, 87, 88, 89, 91, 94, 101, 113, 114, 118, 119, 120, 164

Burga Hotopp: 9, 14, 19, 24, 27, 30, 34, 39, 55, 61, 71, 76, 82, 85, 101, 106, 111, 121, 131

Martin Kolb: 14, 19, 31, 33, 37, 40, 41, 43, 44, 46, 70, 80, 126, 141, 145, 162

Erik Mail: Coverrücks. Norton, 14, 49, 50, 51, 52, 61, 73, 76, 107, 122, 133

Karl-Heinz Krings: 16, 69, 74, 75, 89, 159, 162, 168

Ulli (Blue) Grüne: 64, 81, 84, 149, 166

Susanne Reinecker: 29, 142, 162

Gerald Reich: Coverrücks. Lady Isabella

Tom Valk: 175

Carsten Jankowski: 145

iomtt.com: 22, 47, 73, 176
www.fottofinders.com: 12, 13, 15
Madebyoliver-flaticon-com: 20
Roundicons-flaticon-com: 169
Wikipedia Andy Stephenson, https://commons.wikimedia.org/w/index.php?curid=12988465: 36
Wikipedia FinnWikiNo, https://commons.wikimedia.org/w/index.php?curid=8893427: 79

Register